BRINCANDO COM O SEU GATO

50 jogos para divertir você e o seu bichano

BRINCANDO COM O SEU GATO

50 jogos para divertir você e o seu bichano

Jackie Strachan

PREFÁCIO
Franny Syufy, escritora especialista em gatos

TRADUÇÃO
Denise de C. Rocha Delela

Editora
Pensamento
SÃO PAULO

Título original: *50 Games to Play with Your Cat.*

Copyright © 2007 Ivy Press Limited.

Publicado originalmente em 2008 por Bonnier Books, Appledram Road, Chichester PO20 7EQ.

Todos os direitos reservados. Nenhuma parte deste livro pode ser reproduzida ou usada de qualquer forma ou por qualquer meio, eletrônico ou mecânico, inclusive fotocópias, gravações ou sistema de armazenamento em banco de dados, sem permissão por escrito, exceto nos casos de trechos curtos citados em resenhas críticas ou artigos de revistas.

A Editora Pensamento-Cultrix Ltda. não se responsabiliza por eventuais mudanças ocorridas nos endereços convencionais ou eletrônicos citados neste livro.

Este livro foi publicado com a intenção de proporcionar informações especializadas com relação ao assunto em questão. Embora tenham sido tomadas todas as precauções necessárias na sua preparação, o autor e o editor não podem ser considerados responsáveis por qualquer incorreção, omissão ou efeito adverso que possa resultar do uso ou aplicação da informação aqui contida. As técnicas e sugestões são colocadas em prática segundo o critério do leitor e não são substitutos para a visita ao veterinário. Se você suspeita de algum problema médico, consulte um veterinário da sua confiança.

Este livro foi concebido, projetado e produzido pela iBall, uma marca da Ivy Press.
The Old Candlemarkers, West Street, Lewes, East Sussex, BN7 2NZ, UK.

Diretor de criação Peter Bridgewater
Diretora editorial Caroline Earle
Diretora de arte Sarah Howerd
Designer Clare Barber
Fotógrafo Nick Ridley

Publisher Jason Hook
Editora de projetos sênior Stephanie Evans
Designers de projetos Suzie Johanson
Ilustradora Joanna Kerr

Dados Internacionais de Catalogação na Publicação (CIP)
(Câmara Brasileira do Livro, SP, Brasil)

Strachan, Jackie
    Brincando com o seu gato : 50 jogos para divertir você e o seu bichano ; tradução Denise de C. Rocha Delela. — São Paulo: Pensamento, 2009.

    Título original: 50 Games to Play with Your Cat.
    ISBN 978-85-315-1606-1

    1. Jogos para gatos I. Syufy, Franny.

09-10238   CDD-636.8

Índices para catálogo sistemático:
1. Jogos para gatos   636.8

O primeiro número à esquerda indica a edição, ou reedição, desta obra. A primeira dezena
à direita indica o ano em que esta edição, ou reedição, foi publicada.

Edição	Ano
2-3-4-5-6-7-8-9-10-11	11-12-13-14-15-16

Direitos de tradução para o Brasil
adquiridos com exclusividade pela
EDITORA PENSAMENTO-CULTRIX LTDA.
Rua Dr. Mário Vicente, 368 — 04270-000 — São Paulo, SP
Fone: 2066-9000 — Fax: 2066-9008
E-mail: pensamento@cultrix.com.br
http://www.pensamento-cultrix.com.br
que se reserva a propriedade literária desta tradução.

Sumário

PREFÁCIO 6
INTRODUÇÃO 8
SEGURANÇA EM PRIMEIRO LUGAR 10

NA TOCAIA 12
Brinquedos simples 14
Alta rotação 16
Tom e Jerry 18
Patinhas no pompom 20
Preso por um fio 22
Amigos emplumados 24
À espreita 26
Camundongo invisível 28
Brincando com papel 30
Dedos divertidos 32
Pegando no pé 34
Gatividade 36

GATO COM BARATO 38
Loucura felina 40
Luva levada 42
Doces sonhos 44
Bolinhas perfumadas 46
Dia de pescaria 48
Luneta de gato 50

O QUE HÁ AÍ DENTRO PARA MIM? 52
Caixinha de surpresas 54
Caça ao tesouro 56
Conhecimento interior 58
Armadilhas de petiscos 60
Calendário gativante 62

VAMOS JOGAR BOLA? 64
Vai para os pênaltis! 66
O ás do fliperama 68
Caixa de bolas 70
Ábaco de gato 72
Circuito fechado 74
Gato acrobata 76

HORA DOS EXERCÍCIOS 78
Luta de Boxe 80
Kit de ginástica 82
Gato atleta! 84
Missão impossível 86
Bolhas de sabão 88
Loja de brinquedos 90
Gaticure 92
Arranhar e farejar 94
Ataque ao tapete 96
Espetáculo de luzes 98

ESCONDE-ESCONDE 100
Jogo de bola felino 102
Está vivo! 104
Sacos divertidos 106
O poder da pata 108
Cartola amassada 110

NINHO DE GATO 112
Cabana tropical 114
Condomínio de gatos 116
O rei do castelo 118
Refúgio campestre 120
Fuga de alcatraz 123
Diversão na telinha 124

Índice 126
Agradecimentos 128

Prefácio

Eu usufruí da companhia dos gatos durante várias décadas, e observar as suas travessuras foi algo que me trouxe incontáveis horas de risadas e diversão. Embora os gatos possam levar as suas brincadeiras muito a sério, as suas acrobacias e contorcionismos são muito engraçados de se ver.

O gatinho aprende a brincar primeiramente com a mãe. No entanto, a mãe gata não encara essas lições como uma simples "brincadeira"; ela está na verdade ensinando habilidades necessárias à sobrevivência dele, como a demarcação de território e a necessidade constante de perseguir a presa. Isso vale tanto para o gato mimado, criado em casa e alimentado com comida especial, quanto para o gato que vive na rua, revirando lixo. A mãe gata ensina a cada um dos filhotes a arte de espreitar, atacar e agarrar os ratos e outras presas para comer.

O mercado dos animais de estimação sabe muito bem de tudo isso e projeta brinquedos, torres de escalar e arranhadores para satisfazer as necessidades de sobrevivência inatas dos gatos. Contudo, eu aprendi muito tempo atrás, observando, que os meus gatos tendiam a brincar mais com as caixas onde vinham embalados os brinquedos do que com os brinquedos propriamente ditos. Embora possamos ficar muito satisfeitos com a nossa disposição para gastar uma fortuna pensando na felicidade e na diversão dos nossos bichanos, a verdade é que eles não dão a mínima para os nossos gastos. Sabem do que gostam e isso não inclui necessariamente um "palácio" de pelúcia.

Os gatos adoram o barulhinho delicioso que faz um saco de papel quando caçam o próprio rabo dentro dele. Ficam obcecados em golpear com a pata um colorido "passarinho" de feltro ou bola de algodão que voa tenta-

Prefácio

doramente para perto das suas ávidas garras. Os criadores de *Brincando com o seu Gato* conhecem muito bem o jeito despretensioso com que os gatos brincam e se exercitam. Eles idealizaram jogos, brinquedos e acessórios simples e engenhosos, que você pode reproduzir facilmente para manter o seu gato feliz e entretido por muitas horas.

Se você é uma pessoa criativa, pode fazer "melhorias" em algumas das criações aqui apresentadas, como nos grafites das paredes internas da cadeia de "Fuga de Alcatraz" (*ver p. 122*). Ou talvez uma Rapunzel felina pendurada no alto do elegante castelo (*ver p. 26*). Ou pode simplesmente alinhar caixas abertas dos dois lados e fazer um túnel por onde os gatos possam passar. O seu gato vai adorar igualmente as duas versões. Você provavelmente vai encontrá-lo enrodilhado dentro da sua cela de cadeia, tirando uma soneca, depois de capturar e matar o seu passarinho de feltro; ou cochilando no túnel depois de um jogo disputado de esconde-esconde com seu companheiro.

Eu aprecio particularmente o fato de este livro dar muita importância às questões de segurança, e gostaria que alguns fabricantes de brinquedos fizessem o mesmo. Tenho visto muito artesanato de péssima qualidade, com peças pequenas que podem ser engolidas e representar um grande risco para os animais. Os felinos levam muito a sério as suas brincadeiras e realmente se empenham ao máximo para "matar" os seus ratinhos de brinquedo.

Eles estão se divertindo quando praticam as suas habilidades de sobrevivência? Embora não saibam falar, eu posso apostar que sim!

Franny Syufy
About.com Guide to Cats
http://cats.about.com

Introdução

As brincadeiras que você faz com o seu gato trazem muitos benefícios a ele: além de proporcionar estímulo mental, o exercício alonga os músculos e tendões, melhorando a circulação e o tônus muscular. Brincar também ajuda você a estreitar os laços de amizade com o seu animalzinho, aumentando a confiança e afeição dele por você. Além disso, também pode servir de terapia para um gato tímido e retraído, tornando-o mais confiante, ou aliviar a tensão depois de uma visita ao veterinário.

JOGANDO CONFORME AS REGRAS

Para extrair ao máximo os benefícios das brincadeiras com o seu gato, siga estas dicas infalíveis para a diversão felina:

- Com que frequência? Brinque duas a três vezes por dia, de 10 a 15 minutos por vez ou até ele ficar cansado – você logo descobrirá quando o seu gato já brincou o suficiente, pois ele passará a ignorá-lo e se afastará ou se sentará para simplesmente observá-lo.
- Quando? Os gatos muitas vezes brincam pela manhã e também no final da noite, por isso 10 minutos de brincadeira antes de você ir trabalhar e logo antes de dormir podem ajudar a promover um sono reparador (tanto para você quanto para ele).

- Será que ele está disposto? Se ele está correndo de um lado para o outro, com os olhos arregalados, corpo arqueado e pernas esticadas, é porque está com disposição para brincar.
- Seja um membro da equipe. A maioria dos gatos brinca sozinha, mas também vai gostar de brincar com você. É muito mais divertido perseguir um pedaço de barbante (puxado por alguém) ou golpear uma pena (que alguém balança) do que dar patadas num brinquedo inanimado com cara de rato. Não deixe um gato doméstico desocupado o tempo todo. Simplesmente não é justo com ele.

- Ele está se divertindo? Se as pupilas estão dilatadas ou ele está ronronando, é sinal que está se divertindo. Se ele está rosnando, chiando, batendo a cauda no chão ou mostrando as garras, é hora de parar a brincadeira.
- Não seja o pai ou mãe que sempre tem que ganhar. Deixe-o ter a satisfação de agarrar a pena, a bola ou o novelo de vez em quando ou ele logo perderá o interesse.
- Tenha sempre brinquedos novos. Guarde-os no final da brincadeira e alterne-os para manter o interesse dele. Se você costuma deixar um ou dois brinquedos no chão, para que ele brinque sozinho, evite pedaços de barbante ou lã, pois ele pode engolir e passar mal (ver p. 10).
- É diferente com os filhotes? Os filhotinhos e gatos jovens estão sempre prontos para a brincadeira, mas mesmo gatos mais velhos e sedentários gostam de brincar de vez em quando.
- Como parar? Se você quer terminar a brincadeira, vá desacelerando o ritmo, para não deixá-lo agitado, e aos poucos vá diminuindo os movimentos do brinquedo, até que ele "morra", como faria uma presa no mundo selvagem.

Segurança em Primeiro Lugar

Tornar a brincadeira segura para o seu gato é mais uma questão de bom-senso. Verifique cuidadosamente os brinquedos e jogos da mesma maneira que você faria com uma criança pequena, aplicando os mesmos critérios. Contudo, existem alguns pontos adicionais a se levar em conta que se aplicam exclusivamente aos gatos.

A CURIOSIDADE MATOU O GATO

Seja extremamente vigilante quando o seu gato estiver brincando com um pedaço de barbante, lã, cordão, etc., basicamente qualquer coisa que seja longo, fino e balance tentadoramente. Nunca deixe o seu gato brincando sozinho, sem supervisão, com brinquedos que tenham cordões ou barbantes, pois eles podem enrolar no pescoço dele e a reação natural do bichano seria se debater; isso poderia piorar as coisas, apertando mais o pescoço ou cortando a pele.

A maioria dos gatos é muito sensível, mas alguns deles parecem ter um bloqueio mental quando pegam um pedaço de barbante ou lã e adoram engoli-lo. Eles não apenas o mastigam, deixando-o em pedacinhos, como podem engolir metros inteiros. O barbante e a lã podem causar um grande prejuízo à saúde do animal se chegarem aos intestinos, e podem ser fatais. Se você perceber que o seu gato engoliu um desses materiais ou se perceber uma extremidade saindo da boca ou do ânus do animal, nunca tente puxá-la. Em vez disso, corte-a o mais rente possível e leve-o imediatamente ao veterinário.

Você, portanto, nunca deve deixar o seu gato brincar sozinho com lã, fitas, contas ou qualquer coisa semelhante, e é importante manter materiais caseiros como barbante ou fio dental longe dos gatos.

Verifique se há em sua casa outros objetos que possam chamar a atenção deles, como cordões de cortinas ou persianas e fios elétricos – especialmente se o seu gato gosta de mastigá-los. Verifique também se há protuberâncias pontudas que poderiam machucá-lo. Fique de olho em todos os brinquedos e substitua-os quando começarem a mostrar sinais de desgaste ou rasgões.

OUTRAS COISAS A OBSERVAR:

- Certifique-se de que os brinquedos macios sejam laváveis, para que você possa mantê-los limpos, e verifique se o recheio não está saindo. Se estiver, costure o brinquedo.
- Sempre corte as alças das sacolas de compras e de supermercado. O seu gato pode enroscar o pescoço nelas.
- Nunca deixe sacolas plásticas pela casa. Assim como são perigosas para crianças, também são perigosas para o seu gato, que pode enfiar a cabeça numa delas e correr o risco de sufocar.
- Não deixe pedacinhos pequenos de plástico pela casa, pois alguns gatos gostam de mastigar e engolir plástico. Eles também são atraídos por qualquer coisa brilhante ou crocante, por isso fique por perto caso note alguma brincadeira improvisada com papel-alumínio ou plástico-bolha.
- Se você estiver fazendo um brinquedo para o seu gato, não use materiais tóxicos que ele possa lamber ou mastigar, e evite acrescentar detalhezinhos, como bigodes, que ele possa puxar e engolir.

BRINQUE COM SEGURANÇA

Nunca deixe o seu gato brincar com objetos como elásticos de borracha, anéis de latas de alumínio, enfeites de Natal, clipes de papel, alfinetes e percevejos ou balões esvaziados, etc. Fique alerta com qualquer objeto pequeno com que o seu gato possa querer brincar; melhor prevenir do que remediar.

ERVA-DOS-GATOS E PLANTAS CASEIRAS

Os gatos não ficam viciados em erva-dos-gatos (*catnip*), mas alguns podem ficar hiperativos e até agressivos. Utilize-a com moderação. Fique atento também às plantas caseiras que podem ser tóxicas para gatos – leia no rótulo as advertências ao comprá-las.

Na Tocaia

Os gatos são caçadores habilidosos por natureza e não existe nada que eles gostem mais do que espreitar a presa e persegui-la. Você pode canalizar todos esses instintos e energia felinos proporcionando ao seu gato atividades que lhe possibilitem exercitar as suas habilidades de caça, mas sem causar mal a nenhuma criaturinha peluda ou emplumada que passe pelo seu quintal. Desse modo, todo mundo sai ganhando.

Brinquedos Simples

Uma das melhores vantagens de se ter um gato é que você não precisa gastar muito dinheiro para entretê-lo. Se quiser comprar um arranhador sofisticado ou um brinquedinho especial, existem opções realmente fantásticas no mercado, mas o seu gato provavelmente se divertirá do mesmo modo brincando com objetos que custam muito pouco ou absolutamente nada. Na realidade, você pode criar todo tipo de brinquedo em apenas alguns segundos, usando objetos que já tem em casa.

▼ ABAIXO Até os objetos mais simples com que o seu gato brinca precisam ser fortes e bem feitos para aguentar o tratamento rude dos seus dentes e garras.

▶ DIREITA A maioria dos gatos adora golpear um objeto pendente, e você não precisa comprar nada manufaturado – improvise com uma rolha amarrada num pedaço de barbante.

DIVERSÃO COM OBJETOS DO DIA A DIA

Objetos pequenos e brilhantes, feitos de madeira ou plástico, como anéis de cortina ou canudinhos de refrigerante dobrados, podem se tornar brinquedos muito divertidos. Os felinos muitas vezes descobrem os seus próprios brinquedos, brincando com coisas pequenas que caem no chão. Certifique-se sempre de que o "brinquedo" é seguro para ele.

Na Tocaia | Brinquedos Simples

SEGURANÇA

Nunca deixe o seu gato brincar com nada pequeno o bastante para que ele possa engolir, pois isso pode causar lesões internas. O papel-alumínio atrai gatos por causa do seu brilho e do barulhinho que faz, mas não o deixe rasgá-lo em pedacinhos nem mordê-lo (*ver p. 11*).

▲ **ACIMA** Você pode atrair o interesse do seu gato simplesmente fazendo uma bolinha de papel. Ele logo perceberá que é hora de brincar!

▶ **DIREITA** Outras ideias simples incluem papéis de bala ou de papel-alumínio, que fazem um barulho intrigante quando golpeados pela pata de um gato curioso.

GIRA-GIRA

Muitos outros objetos caseiros podem se transformar em brinquedos – quase qualquer coisa pequena que role, desde um carretel até a rolha de uma garrafa. Quando golpeadas no gargalo, as garrafas plásticas também giram, aumentando a diversão.

Alta Rotação

▲ ACIMA Peguei! Mas provavelmente não por muito tempo – as bolas têm o hábito de rolar para fora do nosso alcance, por isso o seu gato fará muito exercício esticando-se para pegá-las ou perseguindo-as (e você também, tentando resgatá-las debaixo do sofá, da cama ou da geladeira).

Bolas pequenas e outros objetos redondos também servem como excelentes brinquedos. Com uma patada, eles deslizam pelo chão em grande velocidade, enquanto o seu gato os persegue. Bolas de pingue-pongue têm o tamanho perfeito e também são suficientemente leves para que o seu gato as golpeie facilmente com a pata. Bolas de golfe são um pouco pesadas para a pata de um gato, mas as feitas de plástico, com furos, são perfeitas. Ele pode enganchar as garras nos buracos e fazer alguns malabarismos, como também pode tentar encaçapá-la!

◄ ESQUERDA Você não precisará procurar muito em casa para encontrar brinquedos divertidos para um gato; só certifique-se de que estão limpos e são seguros, pois o gato irá mordê-los.

▼ ABAIXO O jogo vai ficar mais interessante se você fizer o brinquedo rolar para baixo de uma cadeira ou das cortinas. Faça com que fique mais difícil alcançá-lo e o seu intrépido caçador apreciará mais ainda a brincadeira.

▼ ABAIXO Não tenha muita pressa para recuperar o objeto. O seu gato vai gostar de tomar posse do seu prêmio e continuará brincando sozinho.

17

Tom e Jerry

Os gatos adoram a adrenalina de uma perseguição, por isso um brinquedo simples como um "camundongo" macio, feito de tecido ou barbante, que ele possa pegar com as unhas ou, se você quer mais ação, uma versão a corda, em geral agrada instantaneamente. É claro que, depois que você dá corda, esses brinquedos saem andando sozinhos. Alguns fazem uma trajetória totalmente irregular, que os gatos adoram, mudando de direção de repente, como uma presa de verdade. Se você quiser equivalentes mais sofisticados, saiba que existem até camundongos por controle remoto à venda, que podem proporcionar muito exercício e diversão ao seu gato.

▲ ACIMA Os gatos muitas vezes parecem "estimular" o camundongo a se mexer, para que eles possam lançar-se sobre ele e continuar o jogo.

◀ ESQUERDA Com os olhos fixos em sua presa e bigodes tremulando, o seu gato tem as garras prontas para o seu golpe, rápido como um raio.

Na Tocaia | Tom e Jerry

▼ ABAIXO Um camundongo a corda pode enganar o seu gato com a sua trajetória irregular, mas não por muito tempo!

AGARRA-ME SE PUDERES

Você pode imitar os movimentos de um camundongo de verdade com uma versão a corda com rodinhas. Deixe uma caixinha de papelão aberta contra uma parede, para que o "camundongo" possa entrar na sua toca, com o gato em seu encalço. Corte a lateral da caixa para que nenhuma tampa impeça a entrada do roedor na caixa.

▼ ABAIXO Depois de uma perseguição empolgante, o seu gato vai querer uma recompensa... fique por perto para que as mordidas não façam o camundongo em pedacinhos e possa ser engolido.

Patinhas no Pompom

▲ ACIMA Pompom urra! Você e o seu gato podem usar a criatividade neste jogo, incluindo alguns movimentos das líderes de torcida.

Os gatos adoram brincar com pompons feitos de lã macia, que ficam ainda mais irresistíveis se estiverem pendurados num barbante. Você mesmo pode fazer os pompons, usando parte de um novelo de lã, como se fazia antigamente. Talvez seja uma boa ideia fazer vários pompons ao mesmo tempo, pois vai descobrir que a brincadeira favorita do seu gato pode ser destruí-los. Os gatos gostam de agarrar os pompons com as patas e garras dianteiras e enterrar o focinho na lã quente e macia. Eles às vezes querem arrancar com os dentes os fios de lã, fazendo-os em pedaços, por isso amarre o mais firmemente possível o centro do pompom com um fio de lã bem forte (ver quadro da página ao lado) e fique atento à brincadeira para o caso de ela ficar muito frenética.

SEGURANÇA

Não saia de perto do seu gato, porque a brincadeira com o pompom provavelmente ficará um pouco violenta. Remova qualquer fio que esteja se desprendendo e nunca deixe o seu gato mastigar ou engolir a lã. Guarde os pompons no final da brincadeira.

▲ ACIMA A combinação da maciez do pompom de lã com o fio do qual ele pende é geralmente irresistível para o seu gato.

▲◀ ACIMA E À ESQUERDA Para não diminuir o entusiasmo do seu gato com relação à brincadeira, guarde os pompons caso ele dê sinais de que está ficando entediado.

COMO FAZER POMPONS

Recorte dois discos de cartolina em forma de "rosquinhas". Segure-os juntos e enrole a lã em volta sem deixar folga. Misture cores se quiser. Enrole a lã até que todo o orifício central esteja preenchido e então amarre as extremidades da lã. Introduza uma tesoura entre os dois discos e corte os fios. Passe um fio da mesma lã várias vezes entre os dois discos e amarre bem apertado, prendendo os fios, depois retire os discos de cartolina.

▲ ACIMA Inicialmente, prenda a atenção do seu gato fazendo um barulhinho ou movimento com um brinquedo preso a um fio.

▲ ACIMA Quando ele se mostrar interessado, deixe-o rastejar até a presa por algum tempo antes de fazê-la retroceder.

Preso por um Fio

Você alguma vez já enrolou uma bola de barbante ou um novelo de lã só para descobrir que o fio estava preso em alguma coisa mais embaixo? Você olha para baixo e vê que essa "coisa" é uma patinha peluda. Incapaz de resistir a nada que esteja dependurado ou deslize pelo chão, o seu gato só teve que se lançar sobre o fio. Preso por um fio é a clássica brincadeira caseira, muito fácil de fazer. Entre os objetos ideais para se amarrar ao fio estão o brinquedo favorito dele, um pedacinho de papel amassado, uma pena, uma rolha, um pompom... Ou então você pode não amarrar nada, simplesmente dar alguns nós na ponta, para que o seu gato possa agarrá-lo com mais facilidade com as garras e os dentes.

▼ ABAIXO "Preso por um fio" pode estar um papel amassado ou uma rolha. Se quiser você pode dar simplesmente um nó na ponta do fio.

Na Tocaia | Preso por um Fio

SEGURANÇA

Poucos gatos conseguem resistir a um pedaço de barbante ou lã, com ou sem um brinquedo amarrado a ele, mas você nunca deve deixar um gato brincando sozinho com um fio, lã ou algo parecido. Alguns gatos gostam de engolir fios, o que pode lhes fazer muito mal (*ver p. 10*).

▼ ABAIXO Peguei!

▼ ABAIXO Deixe o seu gato se divertir, mas fique alerta e nunca puxe o fio com força quando ele estiver enroscado nos seus dentes, garras ou patas; você pode machucá-lo.

Amigos Emplumados

Não é de surpreender que muitos gatos gostem de brincar com penas, uma vez que a coisa que eles mais gostam de espreitar são pássaros de verdade. O seu gato pode se divertir sem afetar a população de pássaros da região. Experimente esconder uma pena grande atrás de um móvel, deixando só uma pontinha à mostra e observe-o ficar de tocaia.

As penas tremulam tentadoramente, por isso talvez o seu gato goste de brincar com elas se você colocá-las num local onde haja brisa. Amarre várias penas num pedaço de barbante preso a uma varinha e segure-a sobre uma superfície plana, como uma mesa baixa ou o chão; se você tem um jardim, simplesmente finque-a na terra.

▲ ACIMA Balance as penas acima ou diante do seu gato ou puxe-as lentamente pelo chão, para que ele as persiga.

◀ ESQUERDA Penas de pavão são uma ótima opção, pois têm cabo longo. Você pode manter as mãos longe das garras do seu gato e sacudir a ponta.

▶ DIREITA Você pode comprar um miniboá feito especialmente para gatos, que ele pode caçar, perseguir e atacar com impetuosidade – quase como se fosse uma cobra emplumada!

SEGURANÇA
É importante que você só deixe o seu gato brincar com penas sob a sua supervisão. Os gatos adoram mastigá-las e engoli-las, e o cabo pontiagudo pode causar perfurações internas. Tenha cuidado com penas grandes, pois as pontas podem machucar os olhos do seu gato durante a brincadeira.

COMO FAZER UM AMIGUINHO EMPLUMADO

Desenhe um pássaro e asas de cartolina, para fazer o molde. Corte dois pássaros e duas asas de feltro, usando os moldes. Junte os dois pássaros de feltro, deixando o lado do avesso à mostra, e costure todo o contorno, com exceção de um pequeno orifício. Recheie o pássaro, através do orifício, com espuma e costure-o. Costure uma pena pequena atrás de cada asa e amarre o pássaro a um barbante.

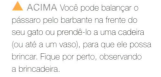

▲ ACIMA Você pode balançar o pássaro pelo barbante na frente do seu gato ou prendê-lo a uma cadeira (ou até a um vaso), para que ele possa brincar. Fique por perto, observando a brincadeira.

À Espreita

Antigamente, quando os camundongos eram ousados e os gatos, encarregados de exterminá-los dos lares, fossem eles cabanas humildes ou palácios suntuosos, o papel dos felinos no controle das pragas os mantinha ocupados e em boa forma física. Hoje em dia, os nossos mimados bichanos não precisavam caçar para sobreviver e se alimentar, mas ainda gostam de uma perseguição ao estilo medieval. Coloque um ou dois camundongos de brinquedo dentro do castelo e deixe a batalha começar.

▼ ABAIXO Atraia o interesse do seu gato colocando o seu brinquedo favorito onde ele possa vê-lo. A maioria dos gatos adora caixas e o seu gato não precisará de muito incentivo para montar guarda ao lado de uma.

▼ ABAIXO O castelo do seu gato precisa ser firme para que ele não o derrube com a leve pressão das patinhas ou a violência dos ataques.

SEGURANÇA É uma boa ideia prender o castelo no chão com fita adesiva para evitar que ele deslize ou venha abaixo se os ataques felinos ficarem mais impetuosos. Verifique também se o topo do castelo não tem arestas afiadas que possam machucar o seu gato caso a construção venha abaixo no final da batalha.

Na Tocaia | À Espreita

COMO CONSEGUIR A APARÊNCIA FORTIFICADA

Se quer que o seu castelo tenha uma aparência mais realista, você pode comprar papel-pedra usado em maquetes ou desenhar tijolinhos. O topo encastelado completa o efeito. Faça a abertura principal grande o suficiente para que o seu gato possa ver o interior do castelo e agarrar com as patas o veloz camundongo.

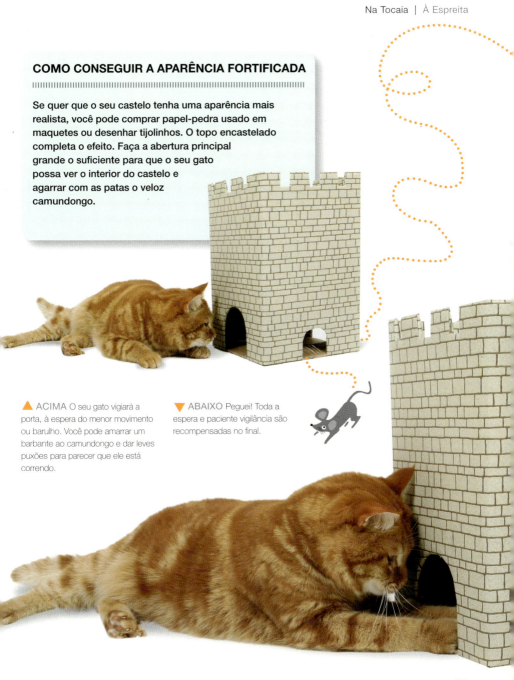

▲ ACIMA O seu gato vigiará a porta, à espera do menor movimento ou barulho. Você pode amarrar um barbante ao camundongo e dar leves puxões para parecer que ele está correndo.

▼ ABAIXO Peguei! Toda a espera e paciente vigilância são recompensadas no final.

27

▼ ABAIXO A empolgação está no que ele não pode ver. Não há necessidade de mostrar a sua mão para envolver o seu gato na brincadeira.

Camundongo Invisível

Este é um jogo excelente para aguçar os reflexos – os seus e os do seu gato –, se você for corajoso o suficiente para brincar com o dedo. Dependendo da espessura, o material que esconde o "camundongo" será suficiente para proteger a sua pele, embora as garras afiadas de um gato empolgado possam arranhar através de um tecido fino. Mas um lápis ou uma caneta também servirão muito bem. Agite a caneta sob o tecido para imitar os movimentos de um camundongo – observe a reação do seu gato e esteja preparado para um ataque na velocidade de um raio.

Na Tocaia | Camundongo Invisível

BICHINHO NA CAMA

Como você deve saber, caso os dedos dos seus pés já tenham sido atacados numa preguiçosa manhã de domingo em que tenha ficado na cama até mais tarde, muitos gatos inventam a sua própria versão de Camundongo Invisível. Então, tire proveito do bom humor do seu gato para brincar de Bichinho na cama sob os lençóis, mas use meias grossas ou uma escova de dentes. Não deixe de ter cuidado, ou os seus dedos vulneráveis podem ser confundidos com o café da manhã de domingo.

▼ ABAIXO Se o seu gato consegue localizar os seus dedos, é hora de tirar a mão!

▼ ABAIXO Depois que o seu gato estiver totalmente envolvido na brincadeira, ele provavelmente continuará perseguindo a sua presa invisível mesmo depois que você tiver tirado a mão de sob as cobertas.

Brincando com Papel

Que atração é essa que os gatos têm pelos papéis? Nenhum gato parece ser capaz de resistir a um pedaço de papel no chão – esteja você tentando embrulhar um presente ou ler as últimas notícias num jornal, o seu bichano logo se sentará bem no meio dele, muito satisfeito consigo mesmo. Tire vantagem dessa estranha compulsão para brincar com papel, mas use um que você não precisará mais, pois o seu imposto de renda ou a sua revista favorita logo serão feitos em pedaços quando a brincadeira esquentar.

▶ DIREITA Comprar ou vender? O seu gato não está, na verdade, conferindo as ações da Bolsa de Valores; ele só gosta de ouvir o barulhinho que o jornal faz.

Na Tocaia | Brincando com Papel

BRINCADEIRA A DOIS

Torne o jogo mais interessante movendo um lápis ou colocando um barbante sob o papel. O seu gato só terá que se lançar sobre ele. Ou, então, segure uma pontinha do papel e puxe lentamente ou dê leves puxões. Ele atacará com vontade ou simplesmente apreciará as ondulações no papel.

◀ ESQUERDA Experimente puxar lentamente um barbante sob o jornal; o seu gato não conseguirá se manter sentado, impassível.

▶ DIREITA Arranhe a parte de baixo do papel com o dedo, mas esteja pronto para tirar a mão rapidamente, antes que o seu gato se atire sobre ela.

◀ ESQUERDA Deixe que o seu gato inspecione a luva com as garras e patas logo no início da brincadeira, para que ele saiba com que está lidando.

▼ ABAIXO Balance a luva acima da cabeça dele e ele logo dará um golpe violento naqueles "dedos" convidativos.

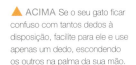

▲ ACIMA Se o seu gato ficar confuso com tantos dedos à disposição, facilite para ele e use apenas um dedo, escondendo os outros na palma da sua mão.

Dedos Divertidos

Usar a mão desprotegida para brincar com o seu gato pode acabar em lágrimas e elas não serão do tal felino! Ele não sabe destinguir os seus dedos de um camundongo de brinquedo quando ambos o instigam a brincar debaixo de uma almofada. O seu grito ao tirar a mão às pressas só vai servir para deixá-lo confuso e talvez assustá-lo, levando-o a se afastar. Se você usar uma luva própria para brincar com ele, o problema estará resolvido. Os dedos extralongos desta luva garantirão que os seus fiquem fora do alcance dele e protegidos.

Na Tocaia | Dedos Divertidos

SEGURANÇA

Gatos muito irritadiços podem achar os longos dedos desta luva ameaçadores, caso você se esqueça das formalidades e não deixar que ele se familiarize com eles antecipadamente. Os "dedos" são reforçados com arame ou plástico, por isso certifique-se de que não há pontas projetando-se do tecido, que possam machucar o seu gato.

▲ ACIMA Está parecendo sonolento? Hipnotizado pela luva? Não se deixe enganar. Ele está prestes a dar um golpe certeiro.

▶ DIREITA Sempre dê ao seu gato a satisfação de ser bem-sucedido ocasionalmente na sua "caça". Não há nada errado em deixá-lo se sentir vitorioso de vez em quando.

▲▼ ACIMA E EMBAIXO
Nós amarramos alguns brinquedos improvisados na ponta dos dedos da luva. Varie a altura de cada brinquedo, amarrando-os em pedaços de barbante de tamanhos diferentes.

Pegando no Pé

Além dos dedos da mão mais compridos (*ver pp. 32-3*), por que não ter dedos do pé mais compridos também? Você pode adaptar a luva reforçada e usá-la no pé. Este é o jogo perfeito para quem é preguiçoso, pois tudo o que se tem que fazer é mexer os dedos do pé. Calce a luva no pé, sente-se confortavelmente em frente à TV e deixe o seu gato brincar à vontade. Só mexa o pé de vez em quando para aguçar o interesse dele e dar movimentos aos brinquedos amarrados à luva.

▶ **DIREITA** Amarre, na ponta de cada "dedo", alguns brinquedos leves e pequenos, ideais para gatos, como uma bolinha, uma rolha ou uma pena – ou até mesmo um papel de bala amassado.

SEGURANÇA
Não sustente o pé muito no alto, pois o seu gato pode ficar empolgado demais e dar saltos e volteios arriscados. Descanse o pé num banquinho baixo ou numa caixa, pois assim será mais fácil para os dois aguentar a brincadeira. *Consulte a página 33 para conhecer outras questões de segurança com relação a este jogo.*

35

▲ ACIMA Os brinquedos de papel fazem um barulhinho intrigante quando levam uma patada, enquanto os de madeira batem de modo imprevisível nas pernas da cadeira, aumentando o interesse do seu gato.

Gatividade

Este jogo para gatos é inspirado nos brinquedos feitos para bebês. Tudo o que você precisa é de alguns brinquedos pequenos amarrados firmemente num pedaço de barbante, fita ou lã. Amarre os brinquedos em algo sólido que não tombe – uma cadeira pesada serve – e o seu gato terá muitas opções de brincadeira. Suspenda os brinquedos a alturas diferentes para lhe dar a alternativa de brincar sentado ou deitado de lado. Você pode usar uma variedade de brinquedos e pequenos objetos caseiros que agradem ao seu gato.

SEGURANÇA

No final da brincadeira, guarde os brinquedos com os quais você não quer que o seu gato brinque na sua ausência. Se você resolver deixar algum pendurado na cadeira, certifique-se de que ele está amarrado firmemente ao barbante ou fio de lã, e este à cadeira. Alguns gatos gostam de engolir barbante, o que é extremamente perigoso (*ver p. 10*).

▶ DIREITA Não use a sua melhor mobília neste jogo, pois o seu gato pode decidir afiar as unhas nela no final da brincadeira.

MÓBILE FELINO

Você também pode fazer um móbile simples pendurando brinquedos em dois sarrafos de madeira pregados em forma de cruz, na horizontal. Ou pode fabricar um mais sofisticado, que fique suspenso no alto de uma porta ou janela. A brisa suave balançará os objetos, atraindo instantaneamente a atenção do seu gato. Para ter um brinquedo que brilhe no escuro, acrescente bolas ou brinquedos plásticos fluorescentes, amarrados com firmeza.

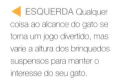

◀ ESQUERDA Qualquer coisa ao alcance do gato se torna um jogo divertido, mas varie a altura dos brinquedos suspensos para manter o interesse do seu gato.

Gato com Barato

Os gatos são escravos das sensações e, se existe uma coisa que dá prazer aos gatos, além das sonecas na sua poltrona predileta, é a erva-dos-gatos. Existem inúmeros brinquedos à venda que contêm erva-dos-gatos, mas você pode fazer alguns para tornar os jogos e brinquedos que já tem em casa mais divertidos. Não se preocupe se o seu gato parecer eufórico ao brincar com a erva-dos-gatos – ela não vicia e não é ilegal!

Loucura Felina

Como transformar água em vinho, em termos felinos? Para a maioria dos nossos amigos gatos, a erva-dos-gatos tem o poder de transformar até o camundongo de brinquedo mais triste e enfadonho em algo absolutamente fascinante. Se o seu gato virar as costas para o brinquedo de corda capaz de dançar e cantar que você comprou por uma pequena fortuna, experimente incrementá-lo com erva-dos-gatos para deixá-lo mais interessante. Já existem no mercado muitos brinquedos recheados com essa erva, mas você pode fazê-los em casa também. Você pode comprar a erva-dos-gatos desidratada, em pó ou em spray, mas também pode colhê-la no seu jardim e usá-la fresca. Apesar da euforia que provoca, a erva-dos-gatos (*Nepeta cataria*) é perfeitamente segura e não vicia. Plante-a no seu jardim ou em vasos e mantenha-a em locais ensolarados, mas certifique-se de usar uma espécie aromática, pois algumas são puramente ornamentais.

▲ ACIMA A erva-dos-gatos fresca (pique levemente as folhas) e a versão desidratada, mostrada aqui, são as formas mais eficazes, mas você também pode comprar o spray concentrado ou em pó.

▼ ABAIXO A erva-dos-gatos deve tornar a brincadeira mais empolgante – embora ela possa deixar alguns gatos agressivos. Esta cobra recheada com erva-dos-gatos sabe que não tem muita chance!

Gato com Barato | Loucura Felina

▼ ABAIXO Agora que a presa foi capturada, o seu gato pode se acomodar e usufruir a sensação causada pela erva-dos-gatos.

▼ ABAIXO O seu gato brincará sozinho alegremente até que o efeito da erva-dos-gatos comece a diminuir.

▲ ACIMA Listrada, furtiva, ondulante... uma cobra com um pouquinho de erva-dos-gatos pode fazer até o brinquedo mais tedioso parecer fascinante.

CASCAVEL!

Esta cobra listrada foi feita em pouco tempo com uma meia-calça infantil, recheada e amarrada em várias partes, o que possibilita que o brinquedo imite as posições de uma cobra de verdade! Os segmentos da cobra receberam enchimento de mais tecido listrado e papéis de bala de celofane, além de erva-dos-gatos. Isso significa que a cobra faz um barulhinho parecido com o guizo da cascavel quando o gato a "ataca".

Luva Levada

Eis outro brinquedo excelente e muito simples de fazer. Espalhe erva-dos-gatos em pó ou em spray sobre pedaços de palha ou ráfia e recheie uma luva velha de lã ou tecido com esse material. Depois amarre bem a extremidade da luva com um fio de lã ou barbante. Você precisa amarrar bem para que o enchimento não saia, pois a brincadeira pode ficar violenta. Se você descobrir que a erva-dos-gatos está saindo pelos buraquinhos da lã antes de você pôr o enchimento, tente polvilhar a erva na luva vazia primeiro e depois adicionar o enchimento. Se o seu gato começar a perder o interesse pela luva, retire o enchimento e a erva-dos-gatos velha e substitua por outro.

▼ ABAIXO Mostre a luva recheada para o seu gato e deixe que ele sinta o aroma da erva-dos-gatos. Ele logo se aproximará, agarrará a luva com as patas dianteiras e esfregará as bochechas nela.

Gato com Barato | Luva Levada

◀ ESQUERDA Você pode brincar com a luva assim como faz com qualquer outro brinquedo, provocando o seu gato e puxando a luva dele; este brinquedo agradará tanto que ele não vai querer soltá-lo.

AO ALCANCE DA MÃO

Você pode experimentar encher cada dedo com uma coisa diferente, para instigar o interesse do seu gato por sons diferentes. Tente o celofane do papel de bala, plástico-bolha, papel pardo amassado, papel toalha ou até folhas ou grama seca.

▼ ABAIXO O aspecto estufado da luva dá ao seu gato muito material a que se agarrar e uma variedade de dedos crocantes para morder.

SEGURANÇA

A erva-dos-gatos pode despertar o tigre interior em gatos antes muito pacatos, tornando-os mais agressivos. Use-a com cautela ou evite-a caso ela provoque esse efeito no seu gato. Essa erva também pode estimular o apetite, o que pode não ser recomendável caso ele já esteja um pouco rechonchudo.

43

▶ DIREITA Um travesseiro de erva-dos-gatos é outro excelente modo de manter o seu gato ocupado. Você não precisará dar a ele nenhum outro brinquedo, pois ele já será suficientemente estimulado pelo aroma.

Doces Sonhos

Você talvez ache que os sonhos provocados por um travesseiro de erva-dos-gatos devem ser os mais doces, mas na realidade essa erva estimula demais os gatos para que eles possam dormir. Este jogo é muito fácil de organizar – você precisa simplesmente de um travesseiro ou almofada velha. Espalhe erva-dos-gatos no travesseiro ou, se não quiser muita bagunça, espalhe-a entre o travesseiro e a fronha. Existem colchonetes recheados de erva-dos-gatos nas lojas, mas é muito fácil confeccioná-los em casa e você pode renovar a erva-dos-gatos quando ela não exalar mais o seu aroma. O estofamento garante que o seu gato tenha uma superfície macia na qual rolar e em que se esfregar. Esse travesseiro é tudo o que o seu gato sonhava ter!

▼ ABAIXO A reação instintiva dos gatos sensíveis à erva-dos-gatos é esfregar as bochechas na erva ou na área impregnada com o seu aroma.

Gato com Barato | Doces Sonhos

AROMAS E SENSIBILIDADE

A erva-dos-gatos não afeta todos os gatos – a genética e o ambiente em que vivem supostamente são fatores que determinam a reação dos felinos, sendo que os machos reagem mais do que as fêmeas. A intensidade da reação também varia: alguns podem simplesmente esfregar as bochechas na erva-dos-gatos enquanto outros podem babar e exibir reações embaraçosas do mais puro êxtase.

▲ ACIMA Amassar o travesseiro com as patas dianteiras também é uma reação muito comum dos felinos à erva-dos-gatos. Não use a sua fronha predileta, pois acabará parecendo mais uma almofada para alfinetes!

▲ ACIMA Esfregar a bochecha direita, depois a esquerda, por fim rolar: isto é puro delírio! O efeito da erva pode durar de alguns minutos a meia hora.

▲ ACIMA Isso mesmo. Sentir o aroma da erva-dos-gatos é tão bom quanto ficar de papo para o ar. Com erva-dos-gatos por perto, logo se ouve o som suave de um ronronar.

Bolinhas Perfumadas

Além de ser um perfumado pot-pourri para a casa, este brinquedo garantirá muitos ronronados e momentos divertidos para o seu gato. Você pode comprar bolinhas plásticas que já vêm com uma porção de erva-dos-gatos dentro delas. O aroma dessa erva atrai o seu gato e prende a atenção dele, enquanto os movimentos da bola garantem que ele faça bastante exercício, enquanto a persegue ou salta sobre ela. Prefira as bolas que podem ser abertas ao meio, pois assim você pode substituir a erva-dos-gatos de tempos em tempos. A bola não oferece perigo ao seu gato, que pode brincar sem a sua supervisão, mas se você amarrar um barbante ou fita a ela precisará estar presente para apreciar a brincadeira.

▼ ABAIXO Para evitar que a erva-dos-gatos saia pelos buracos maiores da bola, faça um saquinho, embrulhando a erva num pedaço de tecido fino de algodão e depois amarrando com firmeza as quatro pontas.

Gato com Barato | Bolinhas Perfumadas

▲ ACIMA Se você fizer a sua própria bolinha de erva-dos-gatos, não use um recipiente cujo conteúdo anterior exalava um cheiro forte, pois ele pode interferir no cheiro da erva-dos-gatos.

▲ ACIMA Uma bolinha recheada de erva-dos-gatos garante que o seu gato faça bastante exercício enquanto a persegue pela casa.

FELICIDADE FEITA EM CASA

É muito fácil fazer uma bolinha perfumada. Faça alguns buracos numa bola de plástico oca, usando uma agulha de tricô, e recheia-a com erva-dos-gatos. Uma alternativa é usar um recipiente pequeno, como uma garrafa de plástico com tampa, e recheá-la com erva-dos-gatos. Os buracos devem ser numerosos e grandes o suficiente para permitir que o aroma da erva exale, mas a própria erva não saia facilmente; do contrário, a bola deixará um rastro para você limpar.

47

Dia de Pescaria

Os desenhos animados nos quais um gato atira as espinhas de peixe por cima do ombro, enquanto lambe os beiços, e os inúmeros petiscos e rações de sabor peixe não nos deixam dúvida de que os gatos adoram essa iguaria. E mesmo que o seu gato mostre preferência por frango ou carne, ele talvez goste de uma pequena pescaria. Para sua sorte, este tipo de pescaria pode acontecer no conforto do seu sofá. Tudo o que você precisa é de uma vareta comprida, linha e um gato com disposição para brincar. Simplesmente amarre a vareta numa extremidade da linha e, na outra, a sua isca. O seu gato não vai desperdiçar a oportunidade de participar dessa pescaria, especialmente se você usar como isca um peixe de cartolina impregnado de erva-dos-gatos.

▼ ABAIXO Mostre o peixe ao seu gato e deixe que ele o fareje, principalmente se você o impregnou com o aroma da erva-dos-gatos.

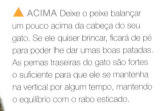

▲ ACIMA Deixe o peixe balançar um pouco acima da cabeça do seu gato. Se ele quiser brincar, ficará de pé para poder lhe dar umas boas patadas. As pernas traseiras do gato são fortes o suficiente para que ele se mantenha na vertical por algum tempo, mantendo o equilíbrio com o rabo esticado.

Gato com Barato | Dia de Pescaria

▼ **ABAIXO** Equipado com um conjunto de anzóis afiados em cada pata, ele logo capturará o seu pescado.

◄ **ESQUERDA** Puxe a linha para que o peixe salte para cima e para baixo sobre a cabeça do seu gato, quase fora do alcance dele, mas perto o suficiente para que ele possa alcançá-lo às vezes.

FIM DA LINHA

Existem ótimas varinhas de pescar à venda nas lojas de animais, com peixes de brinquedo de plástico ou tecido, mas por que não fazer uma você mesmo? Use um pedaço de bambu com um carretel de linha parafusado na ponta, para servir de carretilha. Você pode usar um pedaço de barbante ou lã e passá-la por argolinhas de cortina. Jogue a linha na frente do seu gato, depois recolha-a lentamente com a carretilha. Se a isca tiver um peso leve preso a ela, você vai perceber que será mais fácil atirar a linha.

49

Luneta de Gato

Quando não tiver certeza, explore com a pata! O que será que há neste interessante buraco? Este jogo explora a necessidade patológica do seu gato de enfiar a pata nos recessos e fissuras mais inacessíveis, só para saber se há uma desamparada criatura escondida ali. Cole vários tubos de papelão em forma de pirâmide, de modo que eles fiquem estáveis sobre uma superfície plana. Enfie dentro dos tubos pedaços de papel-toalha impregnados de erva-dos-gatos, para que o seu gato possa arrancá-los dali com a pata ou as garras.

▲ ACIMA Com a sua curiosidade natural, o seu gato ficará intrigado com todos os pequenos espaços para explorar e com o aroma de erva-dos-gatos, que só aumenta a diversão.

▼ ABAIXO Não use tubos muito largos. Eles devem ser largos o suficiente para caber uma pata e permitir que o seu gato retire com as garras o seu conteúdo.

Gato com Barato | Luneta de Gato

◀ ESQUERDA Se quiser evitar que a erva-dos-gatos se espalhe pelo chão, você pode colocar no interior dos tubos brinquedinhos e petiscos que agradem ao seu gato.

▶ DIREITA Este jogo mostra simplesmente o quanto o seu gato pode ser habilidoso com as patas.

▼ ABAIXO O Túnel Felino é um jogo em que o seu gato pode brincar sozinho. Só não deixe brinquedos pequenos dentro do tubo que possam ser engolidos ou causar asfixia.

COMO DESIDRATAR E ARMAZENAR ERVA-DOS-GATOS

Pendure um ramo de erva fresca num lugar quente e seco. Quando ele estiver completamente seco, esmigalhe as folhas num saco, descartando o caule. Para preservar ao máximo o aroma da erva-dos-gatos desidratada, armazene-a num saco plástico e guarde-a no freezer, num recipiente hermeticamente fechado ou num pote de cerâmica, num lugar fresco, sem luz e sem umidade.

O que Há aí Dentro para Mim?

Jogos que fazem uso de petiscos são perfeitos para gatos que precisam de um pequeno incentivo para entrar no espírito da brincadeira. Vamos admitir, isso pode cheirar a suborno, mas, usados com sensibilidade, os petiscos podem ser a sua arma secreta para persuadir os gatos mais sedentários a participar da brincadeira, além de estimular gatos tímidos a sair da concha (ou de debaixo do sofá). Só não se esqueça de usar os petiscos com moderação, caso o seu gato tenha tendência a engordar.

Caixinha de Surpresas

Não existe nada melhor do que algumas caixas, sacolas e tubos vazios para atiçar a curiosidade de um gato. Se esconder alguns petiscos dentro deles, você pode fazer uma verdadeira caça ao tesouro. E torne-a ainda mais interessante escondendo muito bem os petiscos, para torná-los mais difíceis de achar. Por exemplo, coloque um sob uma folha de papel no fundo de uma caixa ou embaixo de um pedaço de papel-toalha amassado, dentro de uma caixa de ovos, ou entre dois pedaços de papelão, na lateral de uma caixa, ou num compartimento parcialmente fechado ou com uma pequena abertura, como uma caixa de lenço de papel – para que o seu gato tenha que realmente se esforçar para ganhar os seus petiscos.

▼ ABAIXO Caixas, sacolas e tubos são, todos eles, intrigantes; e para deixar a brincadeira ainda melhor, você pode colocar petiscos ou brinquedos em lugares de mais difícil acesso.

O que Há aí Dentro para Mim? | Caixinha de Surpresas

◀ **ESQUERDA** Perfeitas para brincar com os gatos, as caixas de papelão e as embalagens de ovos podem ser arranhadas, mordidas e tratadas sem nenhuma delicadeza.

▶ **DIREITA** Os gatos mais peraltas vão adorar um tubo de papelão parcialmente descolado, para que possam, eles próprios, terminar o serviço e acabar de destruí-los.

SEGURANÇA

Use apenas materiais seguros para os gatos. Nunca use sacolas de plástico e sempre corte as alças das sacolas de papel – um gato curioso pode ficar facilmente com a cabeça presa numa dessas alças e ficar estressado ou se machucar. Também verifique se as embalagens não têm arestas afiadas, como grampos, por exemplo, que podem feri-lo.

Caça ao Tesouro

Quase ninguém consegue resistir à tentação que representa um tesouro enterrado, e os gatos não são exceção; porém, a ideia deles do que significa um "tesouro" difere um pouco da nossa. Eles podem torcer o nariz para joias preciosas e dobrões de ouro, mas ficam fascinados diante de petiscos para gatos. Lá fora, o mundo é tão repleto de diferentes aromas que o faro sensível do seu gato está constantemente em ação. Uma caça ao tesouro ao ar livre será, portanto, mais bem-sucedida se for organizada numa área pequena e segura, longe de odores acentuados. Esconda os petiscos na grama alta, atrás de vasos de flores ou entre achas de madeira. Se o seu gato é muito distraído e você precisa lhe dar uma mãozinha, tente fazer uma trilha de petiscos que leve ao tesouro escondido. Se o seu gato só fica dentro de casa, experimente fazer este jogo no porão ou na garagem.

▲ ACIMA Depois de se certificar de que o local é seguro, faça a caça ao tesouro usando o que tiver disponível no jardim. Experimente esconder os petiscos dentro de vasos e outros recipientes.

◀ ESQUERDA E ACIMA Se o seu gato já sabe como brincar de Caça ao Tesouro, mostre a ele um petisco, deixe-o cheirá-lo e depois observar onde você vai escondê-lo.

O que Há aí Dentro para Mim? | Caça ao Tesouro

ESCONDE-ESCONDE

Esconda um petisco entre os galhos de um arbusto, outro sobre um muro baixo ou até mesmo embaixo da terra, perto da superfície, mas não os esconda em locais muito altos, pois é pouco provável que o seu gato capte o aroma entre todos os outros do ambiente externo.

▲ ACIMA Um Caça ao Tesouro ao ar livre, muito mais do que realizada dentro de casa, estimula uma caça de verdade, pois é mais provável que um camundongo se esconda entre pedras e troncos do que embaixo do sofá (ou assim esperamos!).

▼ ABAIXO Os gatos estão muito bem preparados para encontrar petiscos a vários passos de distância graças ao órgão de Jacobson, localizado no céu da boca. Esse órgão permite que eles analisem e "farejem" o ar inalado pela boca em vez do nariz.

Conhecimento Interior

O seu gato conhece cada canto da sua casa intimamente. Ele já explorou com o seu olfato superdesenvolvido todos os recantos atrás e embaixo dos móveis, das cortinas e das camas. Ela não lhe reserva nenhuma surpresa... ou será que reserva? Desta vez, o seu caçador de tesouros terá que explorar mais uma vez o seu território já tão conhecido. Esconda vários dos seus petiscos favoritos pelos cômodos. Ele logo encontrará o seu rastro, mas, se não encontrar, ajude-o fazendo uma trilha. Com o seu gato fora do cômodo, faça uma trilha de petiscos pela sala, até o seu esconderijo. Depois deixe-o entrar, sente-se e observe o seu caçador em ação.

▲ ACIMA Este felino com alma de detetive não perdoa nem uma almofada. O olfato do gato é 14 vezes mais poderoso do que o humano!

O que Há aí Dentro para Mim? | Conhecimento Interior

◄ **ESQUERDA** Esconda petiscos em locais interessantes para dar outra dimensão a um cômodo já conhecido.

▲ **ACIMA** Quanto mais difícil for encontrar o petisco, mais ele usará a criatividade. Mas não torne a tarefa impossível para ele nem esconda os petiscos em lugares que não sejam seguros – nem em locais muito altos ou atrás de enfeites valiosos.

TESTE DO QI OLFATIVO

Os gatos dependem muito do olfato, pois os seus olhos não focalizam bem os objetos muito próximos. Eles usam o faro para encontrar alimentos como também para se certificar da temperatura certa. Teste o QI olfativo do seu gato colocando sobre uma toalha de papel um petisco entre outros itens aromáticos, como um pedaço de casca de laranja, e veja se ele volta a atenção para o petisco imediatamente.

59

▲ ACIMA Quando o seu gato perder o interesse, é sinal de que a bola já está quase sem petiscos! Se o seu gato tem tendência para ganhar peso, é melhor reservar este jogo apenas para ocasiões especiais.

▲ ACIMA O seu gato logo perceberá que, ao tocar a bola com o nariz, algo apetitoso sai dela.

▼ ABAIXO Este é um brinquedo comprado em lojas, mas você pode fazer um semelhante em casa (*ver o quadro da página oposta*).

Armadilhas de Petiscos

Todos os gatos sabem como reconhecer petiscos e guloseimas suculentos de sabor peixe, por isso este jogo, que requer uma bolinha de plástico com furinhos (o chamado dispensador de ração), será um sucesso entre eles. Coloque vários pedacinhos do petisco favorito do seu gato dentro da bolinha (nós usamos camarão seco) e role-a pelo chão, na direção dele. O bichano logo sentirá o cheiro do petisco exalando pelos furinhos da bola. Quando ele bate no brinquedo e o faz rolar, os petiscos vão caindo pelos furos maiores, um a um. Tendo os petiscos como incentivo, ele logo passará a perseguir a bola, em busca das suas apetitosas recompensas.

O que Há aí Dentro para Mim? | Armadilhas de Petiscos

▼ ABAIXO O seu gato brincará sozinho alegremente com a bola, mas você pode variar o jogo suspendendo-a por um barbante amarrado num apoio seguro, e deixando-a ao alcance das suas patas.

▼ ABAIXO Os petiscos são um incentivo e tanto até para o gato mais entediado e seguro de que já viu de tudo.

VALE A PENA O ESFORÇO

Faça você mesmo o seu dispensador de ração usando uma bolinha leve e oca. Faça nela vários furos de 5 milímetros de diâmetro, para deixar que o aroma do petisco exale, e dois maiores, de tamanho suficiente para que você possa introduzir os petiscos na bola através deles. Por esses furos os petiscos devem passar facilmente, mas não a ponto de não incentivar o seu gato a fazer a bola rolar.

61

▼ ABAIXO Em circunstâncias normais o seu gato ignoraria o calendário ou, no máximo, o elegeria como um bom lugar para as suas sonecas, mas o aroma dos petiscos atrai a atenção dele instantaneamente.

▼ ABAIXO As patas do gato têm receptores sensíveis ao toque que o ajudam a explorar a forma, o tamanho e a textura dos objetos.

Calendário Gativante

Você não precisa esperar até as festas de final de ano para brincar com este jogo de contagem regressiva – todo dia pode ser dia de Ano-Novo para o seu gato. Coloque um petisco atrás de cada portinha e abra uma por dia. Ajude o seu gato entreabrindo levemente a porta escolhida, mas deixando as demais firmemente fechadas para garantir que o Reveillon não chegue instantaneamente. No caso de gatos sem força de vontade, talvez você precise deixar o calendário à mostra por um breve período e, depois que ele abrir a portinha, guardá-lo de novo.

O que Há aí Dentro para Mim? | Calendário Gativante

UM PETISCO POR DIA

Este jogo foi feito com uma caixa de bombons contendo "compartimentos" individuais na parte interna. Corte portinhas em cada compartimento e, se quiser, decore a caixa, pois ela será usada muitas e muitas vezes.

▲ ACIMA Mmm... sabor peixe com cobertura crocante – meu favorito!

▼ ABAIXO Depois que o seu gato entender o espírito do jogo, experimente esconder petiscos em apenas uma ou duas portas e veja quanto tempo ele leva para achar as guloseimas.

63

Vamos Jogar Bola?

Quem poderia pensar que um simples jogo de pingue-pongue poderia ter mil utilidades para os gatos? Não importa se o jogo é fliperama ou futebol, a bola de pingue-pongue tem o peso e o tamanho perfeitos para as patinhas de um gato. Os jogos de bola são muito bons para a coordenação entre as patas e os olhos, para desenvolver o espírito de equipe e para ajudar gatos hiperativos a gastar sua energia extra, pois a brincadeira pode ser extenuante. Alguns dos brinquedos disponíveis nas lojas incluem bolas, mas também existem muitos jogos de bola caseiros com os quais você pode se divertir com o seu gato.

▶ **DIREITA** Ufa! Outro pênalti defendido graças a um gato de cabeça fria, nervos de aço e reações rápidas.

▲▼ **ACIMA E ABAIXO** Transforme uma bola de pingue-pongue desenhando nela os padrões de uma bola de futebol com tinta não tóxica. Isso não contribuirá para melhorar a habilidade do seu gato com a bola, mas vai ficar fantástico no seu álbum de fotos!

Vai para os Pênaltis

Como técnico, você pode colocar o seu gato amante de futebol em qualquer posição – a maioria deles é versátil, capaz de jogar tanto no ataque quanto na defesa e chutar com as duas patas. Experimente colocá-lo no gol primeiro. Posicione-o em frente às traves (ou talvez seja mais fácil posicionar as traves atrás dele!), bata a bola e veja quantos pênaltis ele consegue defender. Se ele deixar passar muitos, ou ficar mais interessado em perseguir a bola até a rede, veja se ele tem um bom controle da bola, passando-lhe a redonda e deixando que ele a drible. Talvez você descubra que o seu gato é um jogador nato!

Vamos Jogar Bola? | Vai para os Pênaltis

ESTRELA DO TACO

Se você descobrir que o futebol não é o jogo preferido do seu gato, que tal tentar hóquei no gelo? Jogando numa superfície lisa e escorregadia e usando uma tampinha de garrafa Pet como disco, os movimentos serão rápidos e furiosos – e veja que jogadas! O seu gato talvez tenha potencial para jogar no time principal!

▼ ABAIXO Um cesto pequeno de plástico ou arame serve muito bem como trave. Para mantê-lo no lugar, use bolinhas de fita-crepe.

67

O Ás do Fliperama

Desperte a genialidade do seu gato para jogos com esta versão modesta de máquina de fliperama. Pode ser que lhe faltem luzes piscantes e sons eletrônicos, mas ela ainda assim é capaz de garantir ao seu gato bons momentos de diversão à moda antiga. Batendo na bolinha com as patas dianteiras e empurrando-a com o focinho, o seu gato logo aprenderá a controlar a bola e a ganhar uma nova partida. Este é um jogo excelente para gatos que ficam em casa sozinhos, pois, depois de instalar o jogo com segurança numa superfície plana, você não precisa ficar por perto para alimentar o fliperama com moedas nem para supervisionar a brincadeira. Quando o seu gato perder o interesse e se afastar, você saberá que o jogo acabou. Então, a máquina se torna um ótimo lugar para uma sonequinha...

▶ DIREITA Depois de jogar este "minipebolim", o seu gato precisa repor as energias antes de uma nova partida.

▶ DIREITA Vasilhas e copinhos estrategicamente posicionados e pedaços de cartolina colados na caixa ajudam a guiar a bola pela área do jogo.

Vamos Jogar Bola? | O Ás do Fliperama

AS COORDENADAS

Tudo o que você precisa para este jogo é uma caixa grande com laterais não muito altas, uma ou duas bolas de pingue-pongue e vários obstáculos cilíndricos. Para fazer a máquina, você pode cortar uma caixa de papelão grande, adaptar uma bandeja para plantas ou usar um recipiente raso de armazenamento. Os seus obstáculos podem ser vasilhas pequenas ou copos de plástico coloridos. As vasilhas devem estar cheias e tampadas para que não saiam do lugar. Se usar copos, talvez você precise fixar as bordas com fita adesiva. Posicione os obstáculos a pequenos intervalos em volta da caixa e deixe o jogo começar!

◀ ESQUERDA Quanto maior melhor. Subir na máquina de fliperama pode ser algo pouco ortodoxo, mas assim fica mais fácil, para o seu gato, empurrar a bola, pela área do jogo, com as patas e o focinho.

▼ ABAIXO Fazendo uma pausa para pensar e escolher a melhor opção, este gato está muito alerta e prestes a atacar a caixa de um ângulo diferente.

▼ ABAIXO Os gatos são muito habilidosos com as patas. Curvando-as para formar um gancho, eles também podem agarrar os objetos com as garras, além de esticar e mover os dedos separadamente.

Caixa de Bolas

Esta caixa com certeza vai deixar o seu gato maluco – ele pode observar as bolas, pode tocá-las, mas será que consegue tirá-las da caixa? Na realidade, alguns buracos são largos o suficiente para que as bolas passem por eles, mas os gatos adoram um desafio. Quando brincam sozinhos, eles muitas vezes tornam o jogo mais difícil de propósito, fazendo tocaia atrás da perna da cadeira ou da mesa e lançando-se sobre a "presa", ou golpeando o brinquedo nas posições mais estranhas possível. Este jogo desafiador tem muitas aberturas por onde o seu gato pode introduzir as suas patinhas curiosas e exploradoras; ele só não sabe por onde começar. Você pode rechear a caixa com qualquer um dos brinquedos prediletos dele.

Vamos Jogar Bola? | Caixa de Bolas

COMO FAZER A CAIXA

Recorte algumas aberturas esféricas nas laterais e no alto de uma caixa de papelão não muito funda e feche-a com fita adesiva. Reforce as aberturas com uma borda de cartolina colorida ou pintada com tinta não tóxica. Elas devem ser grandes o suficiente para o gato inserir as patas com facilidade, mas duas ou três devem ser ligeiramente maiores, largas o suficiente para que o seu gato possa pegar uma das bolas que você colocou ali dentro.

◀ ESQUERDA Primeiro você escolhe a bola...

▼ ABAIXO ...e depois a engancha com a pata. Certifique-se de que as aberturas sejam grandes o suficiente para que o seu gato possa enfiar toda a pata pelo buraco.

Ábaco de Gato

Teste as habilidades do seu gato para números com um acessível ábaco de brinquedo. Se o seu gato não sabe muito bem como brincar com esse jogo de bola, prenda uma pena pequena numa das bolas ou introduza um petisco com um aroma apetitoso dentro de uma bola para atrair o interesse dele. Ele logo levantará uma pata curiosa e, quando conseguir entender o jogo, começará a dar patadas nas bolas, fazendo-as girar para a direita e para a esquerda na base. Para variar o jogo pendure um brinquedinho num dos braços do ábaco e substitua as bolas por argolas de plástico usadas em cortinas.

▲ ACIMA Investigando o novo jogo. O Ábaco de Gato propiciará ao seu gato muito estímulo mental e um teste para você verificar até que ponto ele é habilidoso com as patas.

▶ DIREITA Depois que você se assegurar de que não há partes pequenas que ele possa arrancar e engolir, o seu gato pode brincar sozinho.

Vamos Jogar Bola? | Ábaco de Gato

NEM É PRECISO SABER MATEMÁTICA

Este ábaco é feito a partir de um suporte para canecas, ao qual foram fixadas algumas varetas nos ângulos certos. Nós enfiamos práticas bolas de golfe nas varetas. As bolas devem fazer um movimento para a direita e para a esquerda e ficar suficientemente soltas para girar. Prenda a base com fita adesiva, para que o suporte fique no lugar.

▲ ACIMA Enfie várias bolas em cada uma das varetas para que a base fique com a aparência de um ábaco; varie o comprimento das varetas se quiser.

▶ DIREITA Deixe as extremidades livres para que o seu gato possa golpear as bolas sem nenhum impedimento ou crie um bloqueio colando um disquinho de madeira no final.

SEGURANÇA

Certifique-se de que as extremidades das varetas e qualquer bloqueio que você tenha colado ali sejam lixados para que as bordas estejam arredondadas e não possam machucar o seu gato. Não use bolas muito pequenas, que ele possa engolir caso puxe das varetas.

Circuito Fechado

▼ ABAIXO As aberturas em cima do brinquedo deixam que o gato veja a bola enquanto ela roda pela trilha e tente pegá-la de diferentes ângulos.

Este brinquedo colorido em forma de rosquinha é garantia de diversão para a maioria dos gatos. Ele consiste num circuito fechado circular com uma bolinha dentro. O circuito tem uma abertura grande o suficiente para que o felino enfie a pata, mas não o bastante para que ele possa retirar a bola de dentro. O seu gato provavelmente precisará de um certo estímulo para brincar com esta trilha, mas depois você poderá deixá-lo brincando sozinho alegremente. Isso faz deste o brinquedo perfeito para entreter o seu gato quando ele fica sozinho em casa. No entanto, como o seu *design* não permite que o seu gato tire a bolinha de dentro dele, se o bichano mostrar sinais de frustração, é melhor não deixar que ele brinque por muito tempo.

▼ ABAIXO Peguei! Este gato está usando um clássico gancho de direita para tentar resgatar a bola.

Vamos Jogar Bola? | Circuito Fechado

◀ ▼ ESQUERDA E CENTRO
Os bigodes deste gato, com as suas sensíveis terminações nervosas, lhe deram a certeza de que havia espaço suficiente no meio do brinquedo para que ele enfiasse a sua cabecinha felina.

▼ ABAIXO Com as orelhas para a frente e bigodes ouriçados, este gato está alerta e pronto para começar a brincar.

TRILHA AO AR LIVRE

Faça a sua própria trilha no jardim, usando uma calha de PVC. Coloque alguns pedaços de calha no chão, juntando-as com uma conexão em ângulo, para que a calha mude de direção. O seu gato talvez goste de golpear a bola e persegui-la para cima e para baixo, nesse brinquedo caseiro.

75

▲ ACIMA Se vocês estiverem em dois, experimentem jogar joão-bobo. Atire a bola sobre a cabeça do seu gato, devagar a princípio e numa altura que ele possa alcançar.

Gato Acrobata

Entre todos os seus outros talentos, os gatos são atletas naturais. As suas poderosas pernas traseiras são capazes de fazê-los dar saltos no ar e os seus corpos flexíveis permitem que rodopiem e se contorçam em incríveis acrobacias que parecem mais dignas de um circo do que da sala de estar. Gatos mais jovens e leves têm mais agilidade nos saltos e podem pular surpreendentemente alto para pegar o seu brinquedo favorito. Da posição sentada, alguns gatos podem se lançar tão alto que dão a impressão de que usaram um trampolim. Atire bolas, agite penas ou balance um brinquedo – você logo verá o seu gato saltando como um verdadeiro artista de circo.

▲ ACIMA Como os cães, os gatos também podem andar sobre duas patas. Apoiados nas patas de trás, é surpreendente a altura que eles podem alcançar.

Vamos Jogar Bola? | Gato Acrobata

▲▶ ACIMA E À DIREITA
Quando ele entender a brincadeira, saltará para pegar a bola e tentará interceptá-la. Deixe que ele alcance a bola várias vezes durante a brincadeira para que sinta o gostinho da vitória.

SEGURANÇA
Os gatos são criaturas extremamente cautelosas e sensíveis e normalmente calculam distâncias e movimentos cuidadosamente, mas, quando empolgados com a brincadeira, eles podem estender demais o corpo e se machucar. Brinque num lugar seguro e longe dos móveis.

Hora dos Exercícios

Os nossos exercícios, idealizados especialmente para os felinos, desafiarão e estimularão o seu gato tanto física quanto mentalmente. Praticando atividades típicas de uma academia de ginástica, além de circuitos e exercícios de arranhar (tão importantes para as patas e as unhas), nós garantimos que o seu gato logo estará em boa forma, da ponta do rabo até o último fio do bigode. E você também terá chance de lidar com questões emocionais, como o controle da raiva e o alívio da tensão e do stress do dia a dia.

Luta de Boxe

altam segundos para o primeiro round. Um dos movimentos naturais das patas dianteiras do seu gato é o de "esbofetear", que ele faz com a parte plana da pata e com as unhas esticadas. Neste jogo, ele pode bater, golpear e agarrar uma "bola para bater", do tipo usado em treinos de boxe, presa a uma mola ou vareta, tal qual um boxeador da categoria peso pena. Este jogo é bom para a concentração, para a coordenação e para extravasar qualquer sentimento reprimido (os gatos muitas vezes usam o "esbofeteamento" para punir um companheiro felino ou humano) – e esse é um grande exercício para a parte superior do corpo também. Ele logo estará flutuando como uma borboleta.

▶ DIREITA Depois que a "bola de bater" estiver em ação, o seu gato vai adorar "esbofeteá-la" para iniciar a ação outra vez. Dois gatos podem brincar ao mesmo tempo com esse brinquedo.

Hora dos Exercícios | Luta de Boxe

◀ **ESQUERDA** Nunca, jamais desprenda os olhos do jogo – até mesmo um amigável parceiro de jogo pode tirar vantagem de uma distração!

ROCKY II

Você pode encontrar bolas de bater especiais para gatos em lojas de animais. Elas geralmente vêm presas a uma mola grossa, colada a uma ventosa que você pode prender no chão. Você também pode improvisar e fazer você mesmo esse brinquedo, prendendo uma vareta flexível ou uma mola a uma base pesada, ou usando uma vareta longa presa a uma bola leve, fincada num vaso com terra ou num arranjo de flores.

81

Kit de Ginástica

▲ ACIMA Um gato confiante não precisa de muita persuasão para atravessar um túnel improvisado, nem para saltar sobre ele.

Depois de mais um dia duro, dormindo, é bom suar um pouco na academia. O objetivo desta versão de treinamento é fazer com que o seu amigo felino se movimente pelo cômodo, salte de um nível para outro, alongue o corpo e se exercite. Ele também é estimulado mentalmente, ao explorar objetos familiares e descobrir como manejar alguns dos seus "equipamentos" de ginástica. Se ele parecer um pouco relutante a princípio, coloque um ou dois brinquedos ao longo do trajeto, para que ele se anime.

▼ ABAIXO Uma coordenação e equilíbrio soberbos, além de uma ânsia inata para explorar qualquer novidade, garantem que o seu gato se interesse de imediato pelo circuito.

Hora dos Exercícios | Kit de Ginástica

SEGURANÇA

Escadas de abrir não são seguras para o seu gato, por isso não pense em usá-las neste jogo para proporcionar a ele diferentes níveis.

◄ **ESQUERDA** Segure firme! O tapete enrolado proporciona uma descida suave e oferece ao seu gato a chance de afiar as garras.

► **DIREITA** Você saberá quando o jogo chegar ao fim – o seu gato pegará o atalho mais rápido para baixo.

BOM DE CÁLCULO

Patas traseiras poderosas dão aos gatos a capacidade de saltar cinco vezes a sua própria altura. Quando pulam numa cerca alta, eles usam as garras como tornos minúsculos para dar impulso e alçar o corpo. Observe como o seu gato calcula bem a distância antes de saltar – ele raramente se engana.

SEGURANÇA
Fique por perto caso o seu gato seja idoso ou esteja acostumado a ficar só dentro de casa – ele provavelmente vai apreciar uma plateia empolgada.

▼ **ABAIXO** Pendure vários brinquedos ou uma pena nos galhos de um arbusto, a alturas variadas, para o seu gato ficar sentado ou deitado.

▲ **ACIMA** Incentive o seu gato a passar de um nível para outro. Providencie uma tábua para servir de rampa ou posicione uma mesa e uma cadeira perto de um muro, de modo que ele possa usá-las como degraus para o próximo salto.

◄ **ESQUERDA** Quando este cata-vento colorido se movimentar com a brisa, ele atrairá a atenção do seu gato.

Gato Atleta!

Os gatos são naturalmente ágeis e têm um equilíbrio excelente. Pode ser que você perca o fôlego ao ver o seu gato empoleirado numa cerca estreita ou subindo numa árvore para ter uma visão melhor da paisagem, mas ele só está fazendo o que lhe é natural e se sente perfeitamente seguro e satisfeito. Se o seu gato tem acesso a um quintal ou jardim, estimule-o a brincar com os objetos comuns que encontra ali. Essas ideias simples atrairão a atenção dele e lhe servirão de entretenimento, além de ajudá-lo a se manter ativo e em forma.

EQUILIBRISTA NATO

Os gatos têm mais ossos no corpo do que os seres humanos. A sua estrutura óssea extraflexível permite que eles girem no ar e caiam de pé, arqueando as costas para amortecer a queda. O longo rabo do gato ajuda o seu já maravilhoso senso de equilíbrio. A estrutura da clavícula e seu peito estreito lhe possibilitam andar com facilidade no alto de cercas estreitas, posicionando as patas bem perto umas das outras enquanto anda.

▲ ACIMA Pendure brinquedos numa treliça ou estimule o seu gato a passar por entre as ripas, puxando um pequeno barbante entre elas.

Missão Impossível

Quase todos os gatos gostam de explorar túneis, sejam machos impetuosos que adoram violência e confusão ou fêmeas tímidas que não meteriam medo nem num camundongo. Os túneis garantem aventura e entretenimento e saciam a necessidade natural do seu gato de investigar todo e qualquer buraco escuro que encontre pela frente. Túneis de tecido feitos especialmente para gatos são vendidos em partes, que podem ser usadas independentemente ou em conjunto com outras, se você quiser um túnel mais longo. Túneis rígidos, feitos de metal coberto de pelúcia, também são vendidos em lojas. Esses túneis têm aberturas em toda a sua extensão, que funcionam como "periscópios", por onde você pode verificar a posição do seu gato enquanto ele atravessa o túnel.

▼ ABAIXO Os túneis são perfeitos para gatos em missões secretas, e mais de um "agente" pode patrulhar ao mesmo tempo.

▲ ACIMA A capacidade de um gato para enxergar na penumbra garante que a maioria deles explore alegremente lugares escuros que poderiam assustar outros animais.

Hora dos Exercícios | Missão Impossível

TÚNEIS PORTÁTEIS

Você pode improvisar à vontade e fazer o seu próprio túnel com caixas grandes de papelão. Abra as duas extremidades e junte duas ou três do mesmo tamanho para criar um túnel instantâneo, que você pode desmontar quando quiser a casa arrumada.

▲ ACIMA Túneis de tecido são úteis porque podem ser desmontados e guardados facilmente e têm saídas ou aberturas laterais que dão ao gato a chance de entrar ou sair na metade do túnel.

▼ ABAIXO Sempre verifique o túnel antes de guardá-lo, para o caso de o seu gato resolver tirar uma soneca dentro dele.

▲ ACIMA Alguns túneis têm brinquedos dentro deles, como um camundongo pendurado no teto, para que o seu gato brinque de Tom e Jerry. Você também pode jogar uma bola no túnel para que ele a persiga.

87

Bolhas de Sabão

Lembre-se do fascínio que você tinha pelas bolhas de sabão quando criança? O seu gato gosta de brincar com elas tanto quanto você gostava.
Tudo o que você precisa é de um frasco de bolhas de sabão para crianças, e você mesmo pode fazer um (*veja o quadro abaixo*). Sopre as bolhas de sabão sobre a cabeça do seu gato e observe-o se divertir. Sopre-as mais alto e a empolgação dele só vai aumentar, enquanto ele as observa flutuar para baixo. À medida que as bolhas entrarem no seu raio de alcance, ele as golpeará com as patas, até que estourem ao chegar ao chão. Você saberá quando é hora de parar quando ele começar a se esquivar das bolhas com um ar contrariado. Alguns gatos ficam um pouco frustrados quando a sua "presa" estoura entre as suas patas.

▲ ACIMA Embora esta não seja uma posição que o seu gato goste de manter por muito tempo, ele consegue se sentar sobre as patas de trás, com o rabo esticado para lhe dar equilíbrio e as patas erguidas, prontas para golpear as bolhas.

BOLHAS CASEIRAS

VOCÊ PRECISARÁ DE:
½ xícara de sabão líquido
5 xícaras de água destilada ou mineral
2 colheres de chá de glicerina (ou açúcar refinado)
Arame (para fazer um arco)

Misture cuidadosamente o sabão, a água e a glicerina numa vasilha (se misturar esses ingredientes numa garrafa ou jarra, o sabão fará muita espuma). Dobre o arame em formato de círculo e deixe alguns centímetros para o cabo. Mergulhe o arco na mistura e sopre suavemente.

Hora dos Exercícios | Bolhas de Sabão

▶ DIREITA Este é um jogo suave para todas as idades – gatos mais velhos, que não costumam fazer movimentos rápidos, provavelmente gostarão tanto deste jogo quanto os adolescentes, cheios de vigor.

◀ ESQUERDA O seu gato observará enquanto as bolhas caem suavemente, fará pontaria e então as golpeará com a pata. Algumas soluções vendidas em lojas de animais têm aroma de erva-dos-gatos para atraí-los ainda mais.

Loja de Brinquedos

O seu gato pode comprar até cair nesta loja de brinquedos aberta 24 horas. Como gerente, o seu papel é manter as prateleiras cheias de brinquedos interessantes, para que ele tenha muitas opções. Coloque dois ou três brinquedos diferentes em cada prateleira, para que ele possa escolher o que quiser. Escolher o brinquedo e verificar o que há de especial a cada semana também faz parte da brincadeira, assim como brincar com os brinquedos selecionados. Acrescente um carrinho de supermercado e siga para o caixa!

▼ ABAIXO É uma boa ideia encostar a loja de brinquedos numa parede para evitar que ela desmorone durante as compras.

◄ ESQUERDA Como são oferecidos apenas brinquedos adequados para gatos, a loja de brinquedos é perfeitamente segura para os momentos em que você não está por perto. O seu gato aprenderá onde ficam os brinquedos, mas provavelmente não chegará ao ponto de recolocá-los no lugar.

SEGURANÇA

Certifique-se de que a loja de brinquedos só tenha brinquedos seguros para os gatos. Eles não podem ser pequenos a ponto de serem engolidos e causar sufocamento, nem ter cordões ou fios, que também podem ser engolidos e causar grande mal ao seu gato *(ver p. 10)*.

Hora dos Exercícios | Loja de Brinquedos

LOJINHA DE CONVENIÊNCIA

Faça uma abertura na tampa de uma caixa de papelão medindo 5x3x1 cm, e deixe uma margem de 12 mm na borda. Reforce a base com um papelão ondulado. Recorte tiras de papelão para servirem de prateleiras e cole-as na posição, depois coloque a tampa na caixa. Corte um retângulo de papelão mais grosso para fazer um toldo, pinte-o com faixas de cores contrastantes e cole-o na posição.

▼ ABAIXO Esta loja parece divertida. O seu gato selecionará com cuidado um brinquedo da prateleira usando a pata.

▲ ACIMA Prateleiras abarrotadas, com uma prateleira com uma aba especial para bolas, que de outro modo poderiam facilmente rolar para fora.

Gaticure

Diferentemente dos cães, os gatos não precisam ser levados ao banho e tosa para ficarem com uma aparência melhor – as suas linguinhas ásperas lhes propiciam todo o tratamento de beleza de que precisam. E quando se trata de fazer as unhas, os gatos também são autossuficientes, caso tenham um tronco ou arranhador à disposição, onde possam afiar as unhas e deixá-las sempre aparadas. Infelizmente, do ponto de vista do dono, a perna da sua cadeira antiga serve tão bem quanto qualquer outra coisa, por isso é importante providenciar uma alternativa adequada e divertida que desvie a atenção dele da sua preciosa mobília, especialmente se o seu gato só fica dentro de casa.

▲ ACIMA Se você borrifar erva-dos-gatos no arranhador, o seu gato vai saber que, ao contrário do resto da mobília, esta peça é para ele.

▼ ABAIXO As garras de todas as quatro patas podem ficar bem afiadas caso você posicione o arranhador de um modo que o seu gato tenha espaço suficiente para esticar o corpo tanto na vertical quanto na horizontal.

ALONGAR E AFIAR

Os tubos de papelão usados nas tecelagens para enrolar tecidos de roupas e cortinas são resistentes e podem ser encontrados em diversos tamanhos. Você pode fazer o seu gato se apaixonar pelo seu poste de arranhar enrolando um barbante ou corda natural em volta do poste. Primeiro, cubra o poste com fita dupla face para manter o barbante no lugar e prenda bem as suas extremidades dentro do tubo com fita adesiva para que o seu gato não consiga arrancá-lo com as unhas.

▲ ACIMA Assegure-se de que o poste está firme o suficiente para resistir às patinhas do seu gato.

▲ ACIMA Um tapetinho de arranhar encontrado em lojas de animais pode ser útil quando o espaço é limitado. Talvez seja preciso posicioná-lo sempre no mesmo lugar para incentivar o seu gato a afiar as unhas sempre no mesmo local.

▼ ABAIXO As aberturas nas laterais da caixa de arranhar adquirem outra função quando o seu gato brinca com a caixa. Jogue um brinquedo ou dois através da abertura para que ele brinque de Arranhar e Farejar.

Arranhar e Farejar

Você pode ficar tranquilo sabendo que o seu gato está arranhando e afiando as unhas num brinquedo ecológico, feito com camadas de papelão reciclável (o que é muito melhor do que encontrá-lo afiando as unhas nos seus móveis ou carpete). O ato de arranhar também é uma boa maneira de manter as unhas dele perfeitamente aparadas, enquanto o papelão ondulado limpa a sujeira que se acumula embaixo delas. A sensação da superfície áspera e cálida sob as patas é normalmente o suficiente para que ele as arranhe no lugar certo instantaneamente, mas, se ele precisar de algum estímulo, experimente espalhar um pouco de erva-dos-gatos sobre a superfície. Você verá que ele logo se tornará um fã desta brincadeira.

▶ DIREITA Ele é um belo de um preguiçoso? Não, só está demonstrando a habilidade que todos os gatos têm de se encaixar nos menores lugares para tirar uma soneca tranquila de vez em quando.

94

Hora dos Exercícios | Arranhar e Farejar

PRÁTICO E ARRANHÁVEL

Se a rampa de arranhar for removível, você pode virá-la ao contrário quando ela ficar gasta, para que seja usada dos dois lados. Algumas rampas também são descartáveis, e você pode comprar refis para prolongar a vida útil da estrutura. Você também pode encontrar nas lojas arranhadores de papelão para pendurar em portas ou prender na parede.

▼ ABAIXO Escalando a montanha. Os gatos gostam de escalar e se alongar quando estão afiando as unhas.

▼ ABAIXO Pegue um brinquedo da caixa de arranhar para chamar a atenção do seu gato para a caixa e desviá-la dos móveis ou do tapete.

95

TAPETE MÁGICO

Se você tiver um tapete pequeno – quadrados pequenos de carpete são o ideal –, faça um furo num dos cantos, passe por ele um pedaço de barbante e puxe o seu gato pela sala, como se ele estivesse num tapete mágico. O movimento logo o fará brincar de Ataque ao Tapete.

▼ ABAIXO Ei! Você está olhando para mim? Ataque ao Tapete ajudará o seu gato a extravasar todas as emoções represadas.

▼ ABAIXO Esta é outra brincadeira que utiliza um objeto caseiro; mas é melhor usar apenas tapetes e carpetes velhos.

Hora dos Exercícios | Ataque ao Tapete

◀ ESQUERDA Embora a maioria dos tapetes seja grossa o suficiente para protegê-lo das garras afiadas do seu gato, tenha cuidado ao brincar de Ataque ao Tapete com as mãos nuas.

▲ ACIMA Estimule-o a rolar para o lado. Ele provavelmente agarrará o tapete com as patas dianteiras e chutará com as de trás – um ótimo exercício para aliviar a tensão.

Ataque ao Tapete

Este é um jogo excelente para o controle da agressividade felina, o qual dispensa terapias em grupo e até psicodrama! Ele ajuda o seu gato a se livrar da agressividade atacando um carpete ou tapete.

Se o seu gato não atacar o tapete espontaneamente, tente movimentar uma caneta ou vareta embaixo dele, levantando e abaixando uma ponta ou dando um puxão no tapete quando o seu gato estiver sentado sobre ele, para provocar uma reação. Ele não conseguirá resistir por muito tempo e logo revidará com uma patada. Uma alternativa é enrolar o tapete em torno do corpo dele suavemente e depois puxar uma ponta para desenrolá-lo. Experimente puxar o seu "rolinho de gato" pelo chão.

97

Espetáculo de Luzes

Este jogo é uma grande diversão tanto para você quanto para o seu gato. A maioria dos felinos simplesmente adora perseguir fachos de luz, por isso essa é a brincadeira perfeita para depois do jantar. Você relaxa no sofá, enquanto o seu gato faz todo o esforço físico brincando com o Espetáculo de Luzes.

Use uma caneta com um facho finíssimo de luz e focalize o chão e as paredes de uma sala escura. Não é preciso escuridão total, pois o facho de luz pode ser visto na penumbra – basta fechar as cortinas e diminuir as luzes. O seu gato ficará enlouquecido perseguindo o facho de luz. Essa é uma ótima maneira de estimular até o gato mais preguiçoso a fazer os exercícios de que ele tanto precisa.

SEGURANÇA
Nunca use laser, só uma caneta com um facho de luz. Nunca direcione a luz para os olhos do gato, pois, além de correr o risco de prejudicar as retinas do felino, ele com certeza não vai gostar.

▶ **DIREITA** Ao contrário da crença popular, os gatos não enxergam no escuro. Mas na penumbra, eles têm uma visão seis vezes melhor do que a nossa.

Hora dos Exercícios | Espetáculo de Luzes

LUZ NOTURNA

Este jogo realmente estimula a maioria dos gatos e eles adoram perseguir a luz que se move rapidamente, mas o jogo pode ficar rápido demais. Para não abrir mão da segurança, procure manter o facho de luz no chão e na parte inferior das paredes, para mantê-lo numa altura acessível ao seu gato.

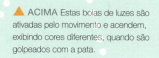

▲ ACIMA Estas bolas de luzes são ativadas pelo movimento e acendem, exibindo cores diferentes, quando são golpeadas com a pata.

▲ ACIMA Experimente ligar e desligar a luz, apontando-a para paredes diferentes. O seu gato pode ficar confuso a princípio, mas não por muito tempo.

▶ DIREITA Este é um dos poucos jogos em que o seu gato talvez nunca tenha a satisfação de "matar a presa". Este jogo pode ficar bem frenético, portanto, se o bichano apresentar sinais de cansaço, é hora de apagar a luz.

99

Esconde-esconde

Os gatos são animais extremamente curiosos. Eles sempre precisam saber o que há dentro das sacolas, caixas ou cestas e atrás dos móveis. Eles estão sempre fuçando em tudo. Por isso qualquer jogo que envolva primeiro o estímulo e depois a satisfação da sua curiosidade colossal tem tudo para dar certo. Vários desses jogos também saciam a outra fixação felina: a necessidade de se esconder, para o caso de algum pequeno e inocente roedor estar passando ou, na falta deste, para uma longa soneca após a brincadeira.

Jogo de Bola Felino

Os jogos de bola não são exclusividade de quem tem focinho molhado e uma língua de pincel; criaturinhas ronronantes, com focinhos pequenos, olhos redondos e longos bigodes podem jogar também. Os donos de gatos podem ficar intrigados com a ideia de jogar bola com um gato, mas há alguns que até convidam os seus amigos humanos para a brincadeira, trazendo o seu brinquedo favorito para o dono atirar longe – nesse caso cabe a você adivinhar o que ele quer. Mas se o seu gato ainda não pensou numa maneira de convidá-lo para brincar, você pode ensinar uma a ele, caso ele esteja disposto a aprender...

◀ ESQUERDA Atraia a atenção do seu gato e mostre o brinquedo que gostaria de atirar.

▶ DIREITA Atire o brinquedo onde ele possa vê-lo aterrissando; não longe demais. Use a mão para apontar na direção que o jogou.

Esconde-esconde | Jogo de Bola Felino

▼ ABAIXO Escolha um brinquedo que ele goste e possa carregar facilmente na boca. Não use um brinquedo recheado ou impregnado com erva-dos-gatos, pois o aroma o distrairá.

O HÁBITO DE BUSCAR OBJETOS

Num momento em que o seu gato estiver atento, pegue um brinquedo, brinque com ele e atire-o. Se ele for atrás, faça muitos elogios e chame-o para que volte até você. Se ele ficar brincando com o objeto, elogie-o mesmo assim, mas tire o brinquedo dele, volte à posição em que estava e atire-o novamente numa direção diferente. Repita isso várias vezes, em vários dias seguidos. Se ele entender a ideia e gostar do jogo, começará a trazer os brinquedos para que você os atire.

SEGURANÇA Se o seu gato gosta de buscar novelos de lã, fique sempre por perto durante a brincadeira e guarde o novelo quando ela terminar.

▼ ABAIXO Independentes por natureza – ao contrário dos cães –, os gatos só fazem esta brincadeira para agradar a si mesmos, nunca os donos.

103

Está Vivo!

Pode não parecer, mas a beleza de fato está nos olhos de quem vê. A prova disso é que o seu gato vai adorar se você lhe der um saco velho de pão. A maioria dos gatos sente uma atração irresistível por sacos de papel caídos no chão e logo pensa em tirar uma soneca ali dentro. Por isso tire vantagem dessa atração e faça dela um jogo.

Neste jogo o seu gato pensará que um pequeno animal está se mexendo dentro do saco. Ele se sentirá instantaneamente atraído pelo movimento e golpeará a sacola, tentando capturar a forma em movimento com as patas. Quanto mais ela se mover, mais enlouquecido ele ficará. Veja quanto tempo leva para que ele enfie a cabeça no fundo do saco!

▲ ACIMA Existe uma grande variedade de brinquedos que se movimentam sozinhos – desde camundongos a pilha ou a corda até hamsters e galinhas que andam quando você puxa um cordão.

▼ ABAIXO Os gatos são instantaneamente atraídos pelo movimento, por isso não demorará muito até que o seu gato entre no saco em busca de um camundongo a corda!

Esconde-esconde | Está Vivo!

TEM ALGUÉM AÍ?

Tudo o que você precisa é de um brinquedo que se movimenta sozinho, como um brinquedo de corda ou a pilha. Dê corda ou ligue o brinquedo e coloque-o dentro do saco. Dobre a boca do saco para que o brinquedo não saia e o seu gato não possa vê-lo. Agora deixe a brincadeira começar.

▼ ABAIXO Nenhum gato de respeito consegue ignorar o farfalhar causado por um camundongo a corda, tentando escapar de um saco de papel.

◄ ESQUERDA Os olhos brilhantes e as garras afiadas de um gato são suficientes para espantar até o camundongo mais valente e gorducho.

▼ ABAIXO O resultado inevitável: um gato cansado, mas vitorioso, um saco de papel estraçalhado e um brinquedo a corda exaurido.

SEGURANÇA
Sempre verifique se o brinquedo tem peças pequenas que podem ser engolidas. Use apenas sacos de papel, nunca de plástico, e sempre corte as alças primeiro *(veja p. 10)*.

▲ ACIMA Prenda algumas penas e brinquedos do lado de fora do saco e amarre na ponta de um barbante alguns objetos inofensivos para gatos, como bolas leves ou uma argola de cortina de boxe.

Sacos Divertidos

▼ ABAIXO Uma sacola ou saco de papel grosso, feito de várias camadas, é o ideal, pois não rasga facilmente quando o seu gato puxar o barbante.

Este é outro jogo envolvendo o humilde mas infinitamente versátil saco de papel. Como a maioria das crianças, que se interessam tanto pela embalagem quanto pelo brinquedo em si, os gatos o adoram. Deixe o jogo ainda mais divertido amarrando brinquedos do lado de fora do saco ou colocando-os dentro dele, para que o seu gato tenha a opção de brincar dentro do saco ou fora dele, e muito o que investigar e estimular o seu interesse. Ele também vai gostar do farfalhar que o saco produz quando pular em cima dele, e quando o jogo terminar ele provavelmente vai tirar uma soneca dentro ou em cima do saco.

Esconde-esconde | Sacos Divertidos

SEGURANÇA
Não deixe o seu gato brincar de Sacos Divertidos sem supervisão, pois uma das extremidades do cordão pode ficar solta e fazer mal ao seu gato, caso seja engolido *(ver p. 10)*.

▲ **ACIMA** Coloque um ou dois brinquedos dentro do saco para que o seu gato possa brincar não só em cima dele, mas dentro também.

▲ **ACIMA** "Costure" o barbante no saco frouxamente, para que você possa brincar com o seu gato puxando uma ponta do barbante através dos furos. Ele o golpeará com a pata ao vê-lo se mexendo.

DENTRO DO SACO

Faça alguns furos num lado do saco e passe um barbante ou fio de lã através deles. Amarre dois ou três brinquedos diferentes no barbante para dar ao seu gato muito o que investigar. Certifique-se de que o nó que segura o barbante dentro do saco esteja firme para que o seu gato não consiga arrancá-lo e os brinquedos continuem presos a ele.

107

Poder da Pata

Os gatos têm a fama de adorar peixe, embora, paradoxalmente, não gostem muito de água – pisar numa poça d'água já é motivo suficiente para chacoalharem as patas, contrariados. Este jogo testará até que ponto o seu gato está disposto a ir para perseguir um peixinho, e os resultados podem surpreendê-lo. Ele certamente ficará interessado em observar o peixe, assim como ficaria caso se tratasse de peixes de verdade num aquário. Neste jogo, você vai descobrir quanto tempo demora para que ele se deixe levar pela curiosidade e mergulhe a pata na água para capturar o seu prêmio tentador.

▲ ACIMA Um peixinho de cor vibrante aparece bem no aquário transparente, embora a sua coloração laranja não seja tão visível para o seu gato quanto é para você.

▶ DIREITA A menos que o seu gato seja um *turkish van*, uma raça de gatos conhecida por gostar de nadar ou até mergulhar, é mais provável que ele tente fisgar com as garras o peixe que flutua na superfície.

▲ ACIMA O rabo erguido significa um gato feliz e atento – como este aqui, que acabou de localizar um lindo peixinho nadando no fundo do aquário.

108

Esconde-esconde | Poder da Pata

GATINHO PESCADOR

Para este jogo você vai precisar de um aquário ou recipiente parecido, com água até a metade. Se usar um peixinho de plástico oco, ele flutuará; mas se tirar todo o ar de dentro dele, o peixinho afundará. Para que ele "nade" até o meio do aquário, amarre a ponta de um fio no peixinho e a outra numa pedra pequena. Coloque a pedra no fundo do aquário para ancorar o peixe na altura desejada.

▲ ACIMA Ele não conseguiria chegar mais perto sem molhar o focinho! Este gato está escolhendo o seu peixe assim como nós fazemos nos melhores restaurantes – embora neste caso ele não tivesse muita escolha.

109

Cartola Amassada

Nenhum coelho sairá realmente desta cartola, mas ela é perfeita para o seu gato brincar. Tem um forro que faz um barulhinho instigante de papel quando o gato entra dentro dela – onde ele pode até começar a procurar por um camundongo apressado.

Coloque um brinquedinho ou bola macia dentro da cartola para ele brincar, antes que se ajeite para tirar uma tranquila soneca. Você não precisa nem usar uma varinha mágica para que o seu gato pule dentro dela e se divirta a valer!

▲ ACIMA Você encontra cartolas de tecido nas lojas, mas, se fizer uma você mesmo, pode escolher o tamanho que quiser. Uma cartola grande é perfeita para ele tirar uma soneca ou se sentar dentro dela, especialmente se ela tiver um forro macio de tecido.

Esconde-esconde | Cartola Amassada

UMA CARTOLA PARA UM GATO

Use papelão ondulado para fazer a copa da cartola, que deve ter tamanho suficiente para acomodar o seu gato. Recorte um círculo de um papelão mais fino para fazer a aba e recorte o centro de modo a coincidir com o diâmetro da copa. Cole a aba na copa ou prenda-a com fita adesiva. Revista a cartola por dentro e por fora com papel craft. Recheie a cartola com mais papel craft amassado, para produzir mais barulho de papel sendo amassado. Decore a cartola da maneira que mais lhe agradar.

▲ ACIMA Como qualquer coisa nova na vida do seu gato, ele primeiro tem que cheirar a cartola para checar tudo.

▲ ACIMA Depois de passar pelo teste olfativo, o estágio seguinte, inevitável, é satisfazer a sua curiosidade e pular para dentro da cartola.

◀ ESQUERDA Será que é um pouco grande para mim? Balance os brinquedos presos à aba ou vire a cartola de lado e jogue um brinquedo dentro dela para que o seu gato possa explorá-lo de diferentes ângulos.

Ninho de Gato

Para um animal extremamente territorialista como o gato, ter um lugar só para si é muito importante – e quando o seu gato encontra um lugar quente e confortável para praticar os seus mais variados tipos de soneca, ele sabe imediatamente que achou o lugar certo para chamar de seu. Desde uma cabana arejada até um apartamento luxuoso, os jogos deste capítulo ajudarão o seu caseiro animal de estimação a encontrar esse lugar perfeito para descansar. E depois de instalado, ele poderá até sair do cesto de roupa e assistir a um DVD tranquilamente.

Cabana Tropical

Gatos ferozes, de sangue quente, podem esfriar a cabeça nesta cabana tropical, até nos dias mais quentes de sol. Ela pode ficar tanto dentro quanto fora de casa, mas é ideal para ter no quintal, onde pode proporcionar ao seu gato um local sombreado para ele brincar, enquanto a brisa circula livremente. Com o sol muito quente, ele pode se abrigar na sombra refrescante das suas arcadas e, quando os seus níveis de energia estiverem mais baixos, ele pode se enrodilhar para tirar uma longa e merecida soneca e sonhar com lugares paradisíacos.

SEGURANÇA

O papelão é um ótimo material para fazer esconderijos para gatos: é barato, fácil de obter, simples de manejar e tem uma textura que os gatos adoram. Mas não perca de vista a segurança: nunca use grampos, tinta tóxica ou adesivos; e certifique-se de colocar a cabana num lugar onde ela não possa desabar.

FRESCOR DE PAPEL

Para fazer o telhado raso e inclinado da cabana, recorte as abas superiores em forma de triângulos, de uma caixa de papelão grande. Prenda com fita adesiva. Cubra o telhado com papelão ondulado e corte uma franja no beiral. Recorte grandes arcadas dos dois lados e reforce as paredes com mais papelão. Decore com tiras de cartolina colorida, se quiser, e espere até começarem a aparecer os primeiros interessados em se divertir!

Ninho de Gato | Cabana Tropical

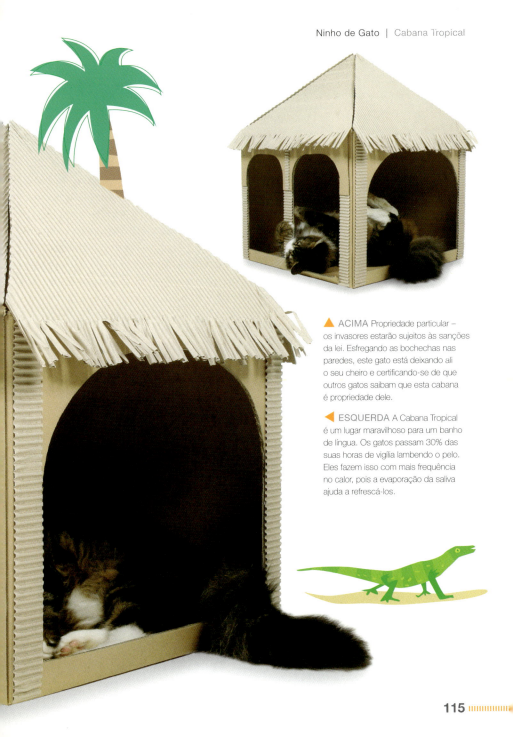

▲ ACIMA Propriedade particular – os invasores estarão sujeitos às sanções da lei. Esfregando as bochechas nas paredes, este gato está deixando ali o seu cheiro e certificando-se de que outros gatos saibam que esta cabana é propriedade dele.

◀ ESQUERDA A Cabana Tropical é um lugar maravilhoso para um banho de língua. Os gatos passam 30% das suas horas de vigília lambendo o pelo. Eles fazem isso com mais frequência no calor, pois a evaporação da saliva ajuda a refrescá-los.

115

Condomínio de Gatos

Folhas de papelão e uma estante simples podem se transformar num confortável condomínio para gatos – a propriedade perfeita para gatos urbanos, com um cômodo com uma vista ou duas, um terraço na cobertura para os dias de preguiça e alguns recessos e fendas para investigar. E quem precisa de elevador quando se tem patas traseiras poderosas como os gatos? Ideal para bichanos que gostam de viver nas alturas, neste condomínio de luxo, com espaço suficiente para receber os amigos peludos, uma vista invejável e sem nenhum perigo de superpopulação.

▲ ACIMA Seja criativo ao imaginar os formatos das janelas frontais, mas certifique-se de que sejam grandes o suficiente para que o seu gato possa atravessá-las.

SEGURANÇA

Um condomínio deve ser seguro, sólido e estável o suficiente para aguentar gatos entrando pelas janelas ou diretamente no telhado. Parafuse-o numa parede se não se importar que ele tenha um lugar fixo na sua casa.

Ninho de Gato | Condomínio de Gatos

CONSTRUINDO UM CONDOMÍNIO

Uma estante simples, composta de quatro prateleiras e com as laterais abertas, é a base do condomínio. Corte dois painéis de papelão resistente, fixe nas laterais da estante e corte uma janela em cada um deles, de tamanho suficiente para passar um gato. Corte três painéis de papelão para cobrir a parte da frente e de trás da estante, e corte uma janela em cada um dos "andares" dos painéis da frente. Faça furos pequenos na estante e parafuse os painéis no lugar.

◄ ESQUERDA Querida, cheguei! Na ponta dos pés, este gato está prestes a ir direto para o segundo andar, tirar uma soneca.

► DIREITA Se o condomínio não estiver parafusado à parede, coloque brinquedos no andar térreo para ter certeza de que ele não colocará tudo abaixo no calor da brincadeira. Coloque um tapete e cortinas para deixar o ambiente mais aconchegante para um cochilo.

117

O Rei do Castelo

Os gatos adoram olhar tudo do alto. Isso faz com que se sintam seguros, ao mesmo tempo que satisfaz a sua grande necessidade de saber tudo o que se passa à sua volta. Este jogo proporcionará uma boa dose de exercícios de alongamento e saltos, ajudando os gatos sedentários a se manter ativos. Você pode fazer um castelo a partir de quaisquer objetos caseiros que agradem aos gatos. Gatos obesos ou idosos podem precisar de uma mãozinha para chegar ao alto do castelo, onde podem se sentar ou deitar à vontade.

▼ ABAIXO Certifique-se de que o castelo é seguro. O nível ou níveis mais altos devem ser estáveis e firmes o suficiente para sustentar o peso do bichano, quando ele escalar o castelo ou pular diretamente para o "telhado".

Ninho de Gato | O Rei do Castelo

GATO ENCASTELADO

A hierarquia social não é tão pronunciada entre os gatos quanto entre muitas outras espécies, embora numa casa com mais de um gato sempre tenha um que se sobressai graças à sua força ou atitude. Os gatos não são criaturas sociáveis como os cães e também não vivem em matilhas – eles não precisam pertencer a um grupo para se sentirem seguros. Estabelecer o seu território é o mais importante para eles. Preferem evitar confrontos, por isso são menos propensos a brigar para manter o domínio ou defender o seu território.

◄ ESQUERDA A altura é uma grande vantagem quando o seu gato quer mostrar quem é quem na hierarquia social.

▲ ACIMA Tudo o que sobe... desce! E os gatos sempre optam pelo jeito mais rápido.

Refúgio Campestre

Com plantas, postes de arranhar e pequenos nichos seguros para explorar e se refugiar para uma soneca, as árvores de gato são versáteis e podem oferecer diversão durante 24 horas por dia.

Elas proporcionam muitas oportunidades para o seu gato fazer exercícios, alongar-se, afiar as unhas, pular de um nível para outro e brincar com os tentadores objetos pendurados aqui e ali.

Como todos os gatos adoram observar o mundo à sua volta, se você posicionar a árvore perto da janela, o seu bichano logo estará olhando através das cortinas, como um vizinho fofoqueiro. É uma pena que você não fale a língua dos gatos, pois do contrário logo estaria a par de todas as novidades da vizinhança.

▲ ACIMA Postes revestidos de sisal facilitam a subida aos níveis mais altos da árvore e também servem para o seu gato afiar as unhas, caso ele aprecie tratamentos de beleza caseiros.

▶ DIREITA Todas estas convidativas grutas escuras, buracos e plataformas confortáveis são perfeitas para o cochilo do seu gato, o que é muito bom, pois os felinos passam dois terços da vida dormindo.

PRÉ-REQUISITOS DA PREGUIÇA

O requisito mais importante de uma árvore de gato é que ela seja forte, estável e capaz de sustentar uma criaturinha peluda saltando rapidamente daqui e dali. A maioria das árvores é coberta de tecido ou carpete. Se você usar sisal, evite o encerado (a maioria é), pois é tóxico.

Ninho de Gato | Refúgio Campestre

▲ **ACIMA** Esconda alguns petiscos ou um ou dois brinquedos para gatos na árvore, para que o seu gato os encontre enquanto estiver explorando as suas concavidades.

◄ **ESQUERDA** Dois ou até três gatos podem brincar nesta árvore. Há espaço suficiente, numa árvore grande, para mais de um gato.

ENCAIXOTADO

Para um gato de tamanho médio, recorte uma abertura de 20X20 cm numa extremidade de uma caixa de papelão e duas janelas de 10X10 cm em cada um dos lados. Corte espetos de madeira do tamanho da caixa e ensira-os dentro das camadas de papelão, na parte inferior e superior das janelas. Cole uma borda de papelão de 2,5 cm de largura ao redor das janelas. Para dar um toque final, acrescente um pôster do seu gato com a inscrição "Procurado!".

▼ ABAIXO Pode parecer um pouco apertado, mas a maioria dos gatos gosta de se espremer em espaços exíguos; isso os faz se sentir seguros.

▼ ABAIXO Não é preciso algemas ou bolas e correntes: este gato será um prisioneiro exemplar!

Ninho de Gato | Fuga de Alcatraz

Fuga de Alcatraz

Como todos os gatos adoram hibernar em lugares pequenos, do tamanho deles, e gostam de se espremer em lugares aconchegantes, não vão se importar em passar algum tempo nesta cela de prisão.

Coloque um brinquedo dentro da cela para manter o seu gato ocupado na solitária. Quando for horário de visitas, os seus amigos felinos vão se divertir muito mais se você agitar uma pena através das barras do que se lhes passar uma lima. Na verdade, eles vão gostar tanto desta cadeia que vão cavar um túnel para entrar nela e não para sair.

▼ ABAIXO Ele pode estar entrando numa prisão de segurança máxima, mas o seu rabo empertigado mostra que ele está muito feliz e alerta, pronto para investigar.

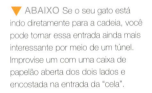

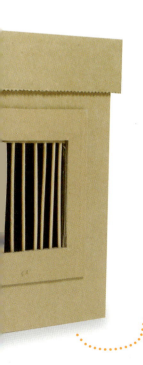

▼ ABAIXO Se o seu gato está indo diretamente para a cadeia, você pode tornar essa entrada ainda mais interessante por meio de um túnel. Improvise um com uma caixa de papelão aberta dos dois lados e encostada na entrada da "cela".

123

Diversão na Telinha

Poucos gatos levantariam a cabeça do sofá para assistir ao seu filme favorito, mas muitos deles levantam as orelhas quando ouvem o miado de outro felino na telinha. A maioria, no entanto, não seria capaz de resistir a um DVD feito especialmente para gatos. A atenção deles é atraída pela movimentação na tela, então por que não usar a sua câmera digital para gravar algumas cenas da vida selvagem em ação – pássaros, peixes, insetos e pequenos roedores voando, nadando e correndo de um lado ao outro da tela? Esse seria o programa perfeito para o seu gato!

▲ ACIMA Os gatos não se importam em assistir ao mesmo filme várias vezes, por isso você não precisa abarrotar a estante com DVDs de vida selvagem.

▼ ABAIXO Alguns gatos reagem muito rapidamente, enquanto outros precisam que lhes mostrem um DVD várias vezes antes de captarem a ideia ou contornar a tela para ver o que há por trás dela.

Ninho de Gato | Diversão na Telinha

EFEITOS SONOROS

Os gatos são atraídos tanto por sons quanto por movimento quando estão caçando, por isso os DVDs para gatos também podem ter sons de pássaros ou de passos apressados. A paisagem ao fundo não precisa mudar muito, pois é o movimento das criaturas pela tela que interessa aos gatos. DVDs gravados especialmente para os bichanos usam recursos para tornar as cores e tons mais vibrantes para os gatos.

▼ ABAIXO A maioria dos gatos vai querer chegar bem perto da tela, especialmente se gostam de interagir com o filme.

◄ ESQUERDA Não se ofenda se o seu gato parar para bocejar ou se lamber dez minutos depois que o filme tiver começado. Os gatos não conseguem se concentrar por muito tempo.

Índice

A
À espreita 26-7
Alfinetes 11
Alta rotação 16-17
Amigos emplumados 24-5
Anéis de cortina 14
Anéis de latas 11
Armadilhas de petiscos 60-1
Arranhar, jogos de
Arranhar e farejar 94-5
   Gaticure 92-3
Ás do fliperama, o 68-9
Ataque ao tapete 96-7

B
Balões 11
Barbante 9, 10, 23
Bichinho na cama 29
Bola, jogos de 16
   Ás do fliperama, o 68-9
   Caixa de bolas 70-1
   Circuito fechado 74-5
   Estrela do taco 67
   Gato acrobata 76-7
   Matemática de gato 72-3
   Vai para os pênaltis 66-7

Bolhas de sabão 88-9
Bolinhas perfumadas 46-7
Brinquedos a corda 18, 19, 105
Brinquedos simples 14-15
   À espreita 26-7
   Alta rotação 16-17
   Amigos emplumados 24-5
Brincando com papel 30-1
   Camundongo invisível 28-9
   Carretel 16
   Dedos divertidos 32-3
   Gatividade 36-7
   Móbile de gato 37
   Patinhas no pompom 20-1
   Pegando no pé 34-5
   Preso por um fio 22-3
   Tom e Jerry 18-19
   Vai para os pênaltis 66-7
Buscar objetos, jogos de 102-3

C
Cabana tropical 114-15
Caça ao tesouro 56-7
Caça, jogos de
   Armadilhas de petiscos 60
   Caça ao tesouro 56-7
Calendário gativante 62-3
Conhecimento interior 58-9
   Um petisco por dia 63
Caixa de bolas 70-1
Camundongo invisível 28-9
Canudinhos 14
Cartola, jogo da 110-11
Cascavel! 41
Circuito fechado 74-5
Clipes de papel 11
Condomínio de gato 116-17
Conhecimento interior 58-9
Contas 10

D
Dedos divertidos 32-3
Dia de pescaria 48-9
Diversão na telinha 124-5
Doces sonhos 44-5
DVDs 124-5

E
Elásticos 11
Enfeites de natal 11
Erva-dos-gatos (catnip) 40, 45
   Como desidratar e armazenar erva-dos-gatos 51
   Segurança, questões de 11,41,43
Erva-dos-gatos, jogos com
   Bolinhas perfumadas 46-7
   Calendário gativante 62-3
   Cascavel! 41
   Dia de pescaria 48-9
   Doces sonhos 44-5
   Loucura felina 40-1
   Luneta de gato 50-1
   Luva levada 42-3
Escadas 83
Espetáculo de luzes 98-9
Está vivo! 104-5
Estrela do taco 67
Exercícios, jogos com
   Ataque ao Tapete 96-7
   Bolhas de sabão 88-9
   Espetáculo de luzes 98-9
   Gato Atleta! 84-5
   Luta de boxe 80-1
   Kit de ginástica 82-3
   Missão impossível 86-7

F
Fio dental 10
Fios elétricos 10

Índice

Fita *10*
Fuga de alcatraz *122-3*

G
Garrafas plásticas *16*
Gaticure *92-3*
Gatividade *36-7*
Gato acrobata *76-7*
Gato atleta! *84-5*
Golfe, bolas de *16*

K
Kit de ginástica *82-3*

L
Lã *9, 10, 23*
Loja de brinquedos *90-1*
Luta de boxe *80-1*
Luva levada *42-3*
Luzes laser *98*

J
Jogo de bola felino *102-3*

M
Matemática de gato *72-3*
Missão impossível *86-7*
Móbile de gato *37*

P
Papel amassado *15*
Papel-alumínio *11,15*
Papelão *114*
Patinhas no pompom *20-1*
Pegando no pé *34-5*
Penas *24*
Percevejos *11*
Perseguição, jogos de
  Espetáculo de luzes *98-9*
  Jogo de bola felino *102-3*
  Tom e Jerry *18-19*
Pescar, varinha de *49*

Pescaria, jogo de *108-9*
Pingue-pongue, bolas de *16*
Plantas caseiras *11*
Plástico-bolha *11, 43*
Poder da pata, o *108-9*
Preso por um fio *22-3*

R
Refúgios
  Cabana tropical *114-15*
  Condomínio de gatos *116-17*
  Fuga de alcatraz *122-3*
Refúgio campestre *120-1*
Rei do castelo, o *118-19*
Regras do jogo *8-9*
Rei do castelo, o *118-19*
Rolhas *16*

S
Saco de papel, jogos com *54*
  Está vivo! *104-5*
Sacos divertidos *106-7*
Segurança, questões de *11, 55*
Sacolas plásticas *11, 55*
Segurança, questões de *7, 10-11*
  ver também jogos individuais
Alças de sacolas *11, 55*
Alfinetes *11*
Anéis de latas de alumínio *11*
Balões *11*
Barbante *9, 10, 23*
Brinquedos macios *11*
Clipes de papel *11*
Contas *10*
Cordão *10*
Elásticos *11*
Enfeites de Natal *11*
Erva-dos-gatos *11, 41, 43*
Escadas *83*
Fio dental *10*
Fios elétricos *10*
Fita *10*

Luzes laser *98*
Papel de bala *15, 43*
Papel-alumínio *11, 15*
Papelão *114*
Papel-bolha *11*
Penas *24*
Percevejos *11*
Plantas caseiras *11*
Sacolas de plástico *11, 55*
Sisal *120*

T
Tapete mágico *96*
Tem alguém aí? *105*
Teste do QI olfativo *59*
Tom e Jerry *18-19*
Túneis
  Luneta de gato *50-1*
  Missão impossível *86-7*

U
Um petisco por dia *63*

Agradecimentos

A autora gostaria de agradecer às pessoas a seguir pelas valiosas contribuições na criação deste livro: Emma Frith, Elise Gaignet e Alison Jenkins, pelas suas excelentes propostas para os jogos, apesar das instruções geralmente vagas e por interpretar as ideias às vezes bizarras da autora de maneira tão genial; Lynn Bassett, Joana Clinch, Stephanie Evans, Holly Johnson e Dawn Martin por nos deixar transformar a casa delas em estúdios fotográficos; Sophie Collins, pelos conselhos sensatos e sábios; Stephanie Evans, pelas proveitosas contribuições, pela paciência e por ser uma agradável colega de trabalho; e Jane Moseley, pelo jogo O Poder da Pata, pelos títulos criativos e eterno apoio. Agradeço especialmente a Nick Ridley pela habilidade com a câmera e capacidade ímpar de capturar a pose perfeita.

Agradeço também às verdadeiras estrelas deste livro – os gatos –, sem os quais nada disso seria possível, e que demonstraram um generoso desempenho (vamos admitir, às vezes em troca de um petisco), mesmo diante das luzes, câmeras e equipe de filmagem.

Por fim, agradeço a Sandy, a primeira e muito amada gata que me apresentou o mundo dos felinos, e Ginger, que adora camarão, passeios pelo campo e, claro, brincadeiras.